山西青少年旅游丛书

从"北魏古都"
到"秀容古城"

晋北篇

李永明 / 主编

曹晓花 / 编著

山西出版传媒集团

山西人民出版社

图书在版编目（CIP）数据

从"北魏古都"到"秀容古城" / 曹晓花编著. 一
太原：山西人民出版社，2024.6
（山西青少年旅游丛书 / 李永明主编）
ISBN 978-7-203-12629-4

Ⅰ. ①从… Ⅱ. ①曹… Ⅲ. ①旅游指南－山西－青少
年读物 Ⅳ. ①K928.925-49

中国国家版本馆CIP数据核字(2024)第027394号

从"北魏古都"到"秀容古城"

编　　著：曹晓花
责任编辑：任秀芳
复　　审：傅晓红
终　　审：梁晋华
装帧设计：张子亮

出 版 者：山西出版传媒集团·山西人民出版社
地　　址：太原市建设南路 21 号
邮　　编：030012
发行营销：0351－4922220　4955996　4956039　4922127（传真）
天猫官网：https://sxrmcbs.tmall.com　电话：0351－4922159
E－mail：sxskcb@163.com　发行部
　　　　　sxskcb@126.com　总编室
网　　址：www.sxskcb.com

经 销 者：山西出版传媒集团·山西人民出版社
承 印 厂：山西出版传媒集团·山西人民印刷有限责任公司

开　　本：787mm×1092mm　　　　1/16
印　　张：7.5
字　　数：160 千字
版　　次：2024 年 6 月　第 1 版
印　　次：2024 年 6 月　第 1 次印刷
书　　号：ISBN 978-7-203-12629-4
定　　价：78.00 元

如有印装质量问题请与本社联系调换

01 概述

　　晋北是山西省北部地区的统称。现在的晋北包括大同、朔州和忻州三市。西北隔黄河与陕西、内蒙古毗邻，东依太行山脉与河北接壤。这里曾是中国古代中原农耕文化与北方游牧文化的交界地。晋北地区的地形以恒山—洪涛山为界，北部为内蒙古高原，地势开阔；南部有恒山、管涔山、芦芽山等；东部是大同盆地。盆地之西多为地形起伏的黄土丘陵区，地形地貌复杂多变，而且广泛分布着黄土。晋北地处暖温带阔叶林、温带草原地带的过渡区域，由于土壤贫瘠，干旱多风，植被种类较为贫乏，以云杉林、华北落叶松林、小叶杨林等为主。乔木种类较少，多为容易生长的灌木树种和草，比如沙

大同火山

棘、黄刺玫、羊胡子草等。在水文方面，晋北属于海河、黄河两大流域。桑干河、南洋河和浑河是海河的支流，而偏关河、县川河、朱家河等河流是黄河的主要支流，这两大流域构成了晋北地区水系地理分布的基本网络。晋北地区气候属大陆性季风气候，冬季寒冷且干燥，春季干旱而多风，夏季凉爽，秋季温和，全年温差较大，春季和冬季的降水量极少，主要的自然灾害有沙尘暴、大风、干旱、冰雹、霜冻等。盛产小米、黍米、高粱、莜面等粗粮。晋北地处山西北部，北面出长城与阴山大漠相连，地处中原王朝的北部边陲，古代曾是少数民族如匈奴、鲜卑、突厥等频繁活动之地，人性劲悍，习于戎马。农业生产以杂粮为主，饮食喜吃莜面、土豆，居住简陋，民风尚武，民间文艺则曲调豪放悠扬、慷慨激越，具有边塞风骨。

春秋时期，晋北地区大部分为晋地，战国时属于赵，秦汉隶属太原郡、雁北郡、太平郡。晋北自古以来就是游牧民族与农耕民族的搏击之地。在中国历史上，晋北始终处

大同法华寺法华塔

于民族交锋的前沿，其长城防御体系体现出其独特性、多样性和复杂性，在古代民族战争中发挥着巨大的作用。

晋北同时也是民族大融合之地。"堡"在古代大多为屯驻守军的据点，也是在非战争状态下官方指定的双边经贸往来的集散地和交易点。"城"实际上是在地势险要处或靠近关口而建造的较大规模的"堡"，这里往往是古代政治文化中心和军事决策者所在地。晋北又是佛教本土化、政治化的起始之地。大同古称平城，中国佛教的本土化、政治化就是从"平城"时代开始的。晋北大地上现存众多文物古迹中，保存完整、艺术水准很高的几乎都与佛教有关。无论是北魏时期的云冈石窟、悬空寺，辽金时期的华严寺、善化寺、应县木塔等，均堪称旷世精品。这是华夏民族为全人类奉献的一笔宝贵的文化遗产。

抗日战争时期，中国共产党领导的山西抗战，在中国人民抗日战争史上写下了辉煌而壮丽的篇章。抗日战争时期，山西作为华北敌后抗战的中心，以及晋察冀、晋绥、晋冀鲁豫抗日根据地的发源地，党领导八路军和人民群众英勇抗日的主战场之一，在华北乃至全国抗战中居于重要地位，发挥了特殊作用，作出了重大贡献。

天地英雄气，千秋尚凛然。山西这块民风淳厚的土地上，是崇尚英雄，成就英雄，英雄辈出的地方。每一处烈士陵园，每一个战役遗址，每一个英雄都是弥足珍贵的精神财富，都是永不熄灭的精神火焰，赋予后人强大的精神力量。站在红色记忆的门口，放眼望去，黄土高原，红色闪动，是澎湃奔流在中华儿女身上血脉的颜色，是革命先烈用青春和热血留给我们的永不消失的红色记忆！

北魏古都——大同

大同是山西北部的历史名城。战国时期，大同属于赵国雁门郡；秦时仍属雁门郡，汉初置平城县；北魏初期曾建都于此，从魏道武帝拓跋珪天兴元年（398年）到魏孝文帝太和十八年（494年），大同作为都城长达百年之久，当时称为平城；唐代置云州，辽以后为大同府。明太祖朱元璋把他的第13子朱桂封到大同，称"代王"。

大同市位于山西省最北端，北以外长城为界，与内蒙古自治区乌兰察布市的兴和县、丰镇市、凉城县相毗邻，东与河北省张家口市的怀安县、阳原县、蔚县及

大同土林

大同善化寺

大同法华寺

保定市的涞源县、阜平县接壤，实为全晋之屏障、北方之门户，且扼晋、冀、内蒙古之咽喉要道，是历代兵家必争之地，素有"北方锁钥"之称。大同地处温带大陆性季风气候区，受季风影响，四季分明。气候干旱多风，温差较大。春季气温回升快，乍暖还寒，多大风，降雨较少；夏季雨水集中；秋季气温逐渐下降，而冬季较春、夏、秋三季漫长，长达四个多月，盛行西北风，日短天寒。

大同市坐落在大同煤田的东北部，煤炭资源十分丰富，其煤炭资源属于地质概念的"大同煤田"的一部分，含煤地层为侏罗纪大同组。侏罗纪大同组含煤面积全市达540平方公里，保有储量58.7亿吨，累计探明储量65.5亿吨，现代大规模开采的主要是这一部分。其次，大同的石墨和岩石矿产资源也很丰富。可以说，大同是中国最大的煤炭能源基地之一，是国家的重化工能源基地，素有"凤凰城"和"中国煤都"之称。

作为历史上北魏的首都，辽、金陪都，以及万里长城五边重镇之一，大同市内现有云冈石窟、华严寺、善化寺、鼓楼等众多文物古迹，最负盛名的当数建于明初洪武年间的九龙壁，其历史比北京北海的九龙壁还要早三百余年，体积也相当于后者的三倍。大同是一座历史文化名城，享有"三代京华、两朝重镇"的盛名，其中，以云冈石窟、北魏悬空寺为代表的北魏文化；以华严寺、善化寺为代表的辽金文化；以边塞长城、兵堡、九龙壁、明代大同府城为代表的明清文化，共同构成了鲜明的地域文化特色。

一、红色景点

近年来，大同市以红色文化遗产的保护推动红色旅游景区的建设，逐步构建起别具特色的红色文化遗产保护与开发体系。同时，依托红色旅游资源，开展党性教育、红色研学等活动。人们来到红色景区，聆听历史的足音，重温那段峥嵘岁月。

平型关大捷遗址

1.平型关大捷遗址

平型关大捷遗址位于山西繁峙、灵丘两县接壤地带，距平型关约五公里。遗址北连恒山余脉，南接五台山脉，峰峦起伏，沟壑纵横，峪谷幽深，危岩突起。一条峡谷山路，长达七公里，东通河北，西接雁门，地势险要。抗日战争爆发后，侵华日军占据平、津后继而向山西平型关、雁门关一线进攻，企图进取太原。1937年9月24日夜，八路军一一五师师长林彪、副师长聂荣臻率领三个团冒雨设伏于平型关东北狭谷古道两侧崖顶。25日清晨，日本侵略军板垣第五师团第二十一旅团主力数千人及辎重车辆进入伏击地区，一一五师发起猛烈攻击，抢占有利地形，将日军分割包围，激战到夜晚，歼敌1000余人，毁敌汽车80余辆，缴获大量武器弹药和军用物资。八路军出师首战平型关，挫败了锐气正盛的日本侵略军，大大鼓舞了全国人民抗日的士气。遗址内保存有一一五师指挥所（关帝庙）、林彪、聂荣臻所住窑洞两间及平型关战役指挥所在地等革命遗址及革命纪念建筑物。1969年在此建立了平型关战役纪念馆。平型关大捷遗址为全国重点文物保护单位。

2.平型关烈士陵园

平型关烈士陵园位于灵丘县城东南武灵镇灵源村，原名"灵丘县烈士陵园"，始建于1962年7月，1965年9月立碑竣工。有烈士纪念馆、烈士塔、纪念碑、展览厅、烈士坟茔等主要建筑，建筑面积3000多平方米。陵园主墓区的墓内安放着平型关战役中牺牲的八路军烈士和其他抗日烈士遗骨。纪念堂内牌位上记录着在各个历史时期参战或从事党政工作而牺牲的灵丘籍烈士名字。陵园东墓区安葬着为修建京原铁路、灵丘空军

平型关烈士陵园

机场而牺牲的烈士。纪念堂后方为六角形烈士碑厅。纪念碑正面刻着"平型关烈士精神永垂不朽",背面记载着平型关大捷及灵丘人民的战斗历程。平型关烈士陵园是国家级抗战纪念设施、山西省爱国主义教育基地、山西省省级烈士纪念设施保护单位。

3.广灵县玉福山烈士陵园

广灵县玉福山烈士陵园位于广灵县城西南一公里处的玉福山上,始建于1948年,自2001年以来进行了大规模扩建,园内主要建筑有纪念广场、烈士纪念塔、解放纪念碑、烈士公墓、烈士纪念碑林等。广灵县玉福山烈士陵园整理陈展着王震、杨成武、王恩茂、曾雍雅等老一辈革命家在广灵的战斗业绩,详细记载和介绍了八路军三五九旅和一一五师独立团在广灵打击日本侵略者击毙日军少将常冈宽治的邵家庄伏击战、冯家沟伏击战等战斗,是省级爱国主义教育基地。

4.大同市革命烈士陵园

大同市革命烈士陵园位于大同市南郊区马军营乡田村东,原名大同市人民公墓,建成于1954年,1980年更名为大同市民政局安置农场。2005年大同市人民政府决定将市民政局安置农场更名为大同市革命烈士陵园。2007年,重新修建的大同市革命烈士陵园举行落成典礼。陵园内安葬着抗日战争时期、解放战争时期和中华人民共和国成立后牺牲的革命烈士。陵园广场中央屹立着1951年建成的大同市革命烈士纪念塔。塔身柱天踏地,塔巅红星闪耀,塔基两层为四门十六阶。塔身正面刻有"革命烈士纪念塔"七个大字,是中华人民共和国成立后大同市最早的革命历史文物之一。大同市革命烈士陵园是山西省爱国主义教育基地、山西省党史教育基地。

5.大同煤矿"万人坑"纪念馆

大同煤矿"万人坑"纪念馆是全国爱国主义教育基地、全国重点文物保护单位。二战期间，日本侵略者占领大同煤矿后，疯狂掠夺煤炭资源，在"以人换煤"的血腥统治下，大批被摧残致死和奄奄一息的矿工被扔到荒山野滩和废弃井洞中，在大同矿区形成了多处白骨累累的"万人坑"。其中，坐落在煤峪口南沟的"万人坑"是目前国内保存较为完整和规模较大的一处。大同煤矿"万人坑"遗址纪念馆分为苦难展示区、文物保护区、煤炭历史展览区等不同的部分。主要建筑有展览厅、折板式廊道、多媒体演示厅、"万人坑"悼念厅、无字碑林等。纪念馆以"牢记历史，珍爱和平，面向未来，振兴中华"为主题，分为"觊觎矿藏，蓄谋已久""荼毒大同，霸占煤矿""野蛮开采，疯狂攫取""奴役矿工，灭绝人性""累累白骨，铁证如山""铭记历史，珍爱和平"六大部分，采用大量珍贵图片、实物资料，通过背景雕塑、幻影成像、多媒体技术、场景再现等声光电多种现代科技手段进行展示，深刻而形象地揭露了日本侵略者二战期间在大同煤矿犯下的滔天罪行，告诫国人铭记苦难历史，为实现中华民族的伟大复兴而自强不息。

二、热门景点

大同别称云中、平城。三代京华，两朝重镇，现代气息和古老文明在此激烈碰撞，留存下一批历史文化和艺术胜迹。边塞文化、佛教文化、平城文化在这里熠熠生辉，胜迹尚存，光芒万丈。大同市的热门景点有：云冈石窟、悬空寺、恒山、华严寺、九龙壁、法华寺、善化寺、大同鼓楼、大同土林、火山群等。

三、非遗目录

大同作为北魏京华、辽京陪都、边塞重镇，民间非物质文化遗产工作常抓不懈，目录体系不断完善，队伍不断扩大，人们的非物质文化遗产保护意识不断增强，非遗建设取得显著成绩。大同市的主要非遗目录有：广灵染色剪纸、恒山道乐、雁北耍孩儿、灵丘罗罗腔、大同数来宝、晋北鼓吹。

四、传统美食

大同市地处农耕文化与游牧文化的过渡地带，可以说是四方杂居，民族融合，进而衍生出包容豁达，简约实用的餐饮文化。火山土壤，冷凉气候，孕

广灵染色剪纸

育出营养丰富、品质独特的大同美食。大同人的饮食粗犷中带着细腻，柔软中带着坚韧，像极了北方人的性格。大同市的美食比较著名的有：大同刀削面、百花烧卖、浑源凉粉、大同兔头、大同羊杂粉汤、黄糕、大同铜火锅、大同烤羊排、大同涮羊肉等。

大同铜火锅　　　　　　　　　　　浑源凉粉　　　　　　　　　　　羊杂割汤

生态新城——朔州

　　朔州市位于山西省的北部，大同盆地西南端，南临忻州，北接大同，西北毗邻内蒙古自治区，南扼雁门关隘。整体是黄土覆盖的山地形高原，自然条件复杂多样，过渡性质明显。地貌轮廓总体上是北、西、南三面环山，山势较高，中间是桑干河流域冲积平原，相对较低，呈倒"V"字结构。全市属温带大陆性季风气候，四季分明，春季干燥多风，夏季炎热多雨，秋季天高气爽，冬季寒冷少雪。

　　朔州地形地貌多样，耕地广阔，具有鲜明的农业优势。全市平原、丘陵、山区面积大体各占三分之一，境内有桑干河、浑河、苍头河等二十多条主要河流，农林牧皆宜，主要农作物有玉米、马铃薯、谷子、莜麦、荞麦、豌豆、黍子、胡麻、甜菜等，是北方著名的小杂粮生产基地。此外，朔州的草场资源也十分丰富，具有发展畜牧业的传统和有利条件，是著名的牛羊养殖基地。

　　朔州历史悠久，人杰地灵。早在两万八千多年前，"峙峪猎马人"就在这里繁衍生息。春秋之前为北方少数民族所居，战国时为赵国所辖，秦称马邑，唐为鄯阳，北齐设州延续到明清。从地理位置上来看，朔州地处中原农业文明与塞北游牧文明交接地带的分界段，具有重要的边塞军事文化和战略地位。在这里，中华农耕文化与草原游牧文化的相互交错，由此产生了长城边塞军事文化、马邑文化、生态文化等文化生态圈。历史上北方少数民族如匈奴的活动，一直主要在阴山脚下到雁门关一带，历代中原王朝的著名将领如李牧、杨业等都在此立下赫赫战功。可以说，在古代，朔州真正是京都藩屏、中原门户，历来是兵家必争之地。

朔州崇福寺

朔州拥有优质的自然生态景观和深厚的历史文化底蕴。胡汉民族长期以来在此征战、冲突、碰撞，又通婚、交流、互市、融合，由此形成了该地区人们尚武、豪爽、奔放、团结、爱护家园的精神风尚。现在，以应县木塔、崇福寺为代表的宗教文化，以广武长城和汉墓群为代表的边塞文化以及以右玉、神头泉为代表的山水田园风光，形成朔州旅游独特的文化标志和旅游名片，也是山西长城旅游重要支撑。杀虎口、金沙滩、汉墓群、广武古城等名胜古迹名满中华，佛宫寺释迦塔、佛牙舍利、崇福寺等古建筑享誉世界。而朔州这块历史悠久的土地又孕育出班婕妤、张辽、尉迟恭、李存勖、萧太后、王家屏等帝王后妃将相和曹汝谦、李林等革命先烈志士。

近年来，朔州市深入贯彻落实科学发展观，加快推进经济发展方式的转变，大力推进工业新型化、农业现代化、市域城镇化、城乡生态化进程，坚定不移推进转型跨越发展，全力打造一座自然生态、现代宜居的幸福新城。

一、红色景点

近些年，朔州深挖具有代表性的革命英雄以及具有地域特色的红色文化，传承优良的红色基因，助推廉政教育，感悟信仰的力量，在红色旅游方面做出了极大的努力。

1.李林烈士陵园

李林烈士陵园前身为平鲁县烈士陵园，位于平鲁区井坪镇。抗日战争时期这里是

革命老根据地之一，有着光荣的革命历史。著名抗日民族女英雄、归国华侨李林就壮烈牺牲在这里。为了激励后人报效祖国，建设家园，平鲁县于1964在政府驻地井坪镇动工修建了平鲁县烈士陵园，1980年，李林烈士雕塑落成，1992年扩建了李林烈士纪念馆。2000年经全国侨联倡议改名为李林烈士陵园。2002年新塑李林烈士青铜骑马像。2010年6月经国务院批准，李林烈士陵园迁建于井坪镇平万路南山公园，占地面积100亩，总投资2400万元。

2.右玉县烈士陵园

右玉烈士陵园位于朔州市右玉县新城镇贾家窑山。始建于1986年，2000年由县城北街迁至新址贾家窑山。2005年续建了革命纪念馆，建起了陈列室、展厅、碑廊、英雄塑像等。纪念碑居陵园中部，依山而建，坐北向南，由基座和碑身两部分组成。碑正面雕刻着"革命烈士永垂不朽"毛体烫金大字，正上方镶嵌着由红旗、五星和齿轮组成的浮雕。背面碑文为：抗日战争中为民族解放事业在右玉壮烈捐躯的陈一华、宇洪、任一川等五百余名烈士流芳百世，永垂不朽。解放战争中为人民解放事业在右玉英勇献身的王树楷、罗天泽等五百五十余名烈士彪炳千秋，永垂不朽。右玉烈士陵园于2009年被山西省委、省人民政府公布为山西省爱国主义教育基地。

桑干河湿地水利风景区

3.塞北烈士陵园

1949年，原雁北地委在朔县文庙原址建成塞北烈士陵园，陈列着5163位在抗日战争、解放战争时期雁北左云、右玉、怀仁、山阴、朔县、平鲁等县及绥蒙军区为国捐躯的烈士遗物。因建筑陈旧老化、陈展内容少、占地狭小，2006年，朔州市朔城区经报省政府批准，由朔城区政府投资，实施整体搬迁建设。现在，旧的烈士陵园已经完全搬迁至新的烈士陵园。新建的塞北革命烈士陵园，坐落在山西省朔州市朔城区西关万亩金沙森林公园，是雁门关外著名的烈士陵园之一。占地面积108亩，总投资4500万元。陵园坐北向南，从南到北中轴线上，主体建筑依次是大门、碑前广场、塞北人民英雄纪念碑、馆前广场、塞北革命纪念馆，东西两侧为烈士公墓（或衣冠冢）。

怀仁旺火

二、热门景点

朔州市的旅游资源十分丰富，主要有佛教文化古建筑、边塞文化遗迹、生态风光产业群等，这些名胜古迹体现出农耕文化和游牧文化、汉文化和少数民族文化的交流碰

莜面栲栳栳

广武明长城

撞。朔州市的热门景点主要有：应县木塔、杀虎口长城、广武明长城、崇福寺、金沙滩生态旅游区、李林烈士陵园、右玉县生态旅游景区、广武汉墓群、朔州桑干河湿地水利风景区等。

三、非遗目录

朔州历史悠久，文化底蕴深厚，人文荟萃，为后人留下了宝贵的非物质文化遗产。朔州的非物质文化遗产有实物，有表演，生动地展现出朔州的风土人情、生产生活和群众智慧。朔州比较有影响力的非遗项目有：怀仁旺火、蒸馏酒酿、赛戏、道情戏、秧歌戏等。

四、传统美食

位于晋北地区的朔州，由于受自然条件的限制，多种植荞麦、莜麦等农作物，用荞面、莜面制作而成的各种面食成为人们日常饮食中常见的美味。除此之外，朔州还有许多原料优质、味道自然的风味小吃，众多美食一起组成舌尖上的朔州。朔州美食比较著名的有：右玉熏鸡、糖干炉、盐煎羊肉、应县凉粉、混糖月饼、烫面饺子、油果子、炒兔头、豌豆粥、寒燕儿、三道子、荞面圪坨、莜面栲栳栳等。

古城秀荣——忻州

忻州（简称忻），古称秀容。忻州市位于山西省北中部，东倚太行，西临黄河，南接太原、阳泉、吕梁，北邻朔州、大同，是山西省唯一横跨省际东西的市。自唐宋以来，忻

忻州明代城楼

州一直没有州治，有"晋北锁钥"之称，历代为兵家必争之地。

忻州市山岳纵横，地貌多样。境内有黄河、汾河、滹沱河、桑干河等众多河流。南、西、北三面环山，属于温带大陆性季风气候，冬无严寒、夏无酷暑，四季分明。

忻州自然资源极为丰富，文化底蕴深厚。山、水、庙、关、林、泉、洞等名胜古迹遍布，佛教圣地五台山居全国四大佛教名山之首；另有五台山、芦芽山、赵杲观、禹王洞多座国家级森林公园；有历史上著名的古长城重要关隘代县雁门关、杨家祠堂、宁武关、偏头关等。

忻州地灵人杰，历史上许多风流人物在忻州这块大地上写下了许多不朽的篇章。驰骋沙场的爱国名将，有战国时期的李牧、宋朝的杨家将、明代抗击倭寇的兵部尚书万世德等；还有名垂青史的文坛名人，如汉代的班婕妤、元曲四大家之一的白朴、元代大诗人萨都剌、明代的养艳姬、清代的冯婉琳，等等。作为中国佛教的中心之一，忻州在历朝历代都有全国佛教界的领袖人物，如东晋的慧远、昙鸾，元代的海云，明代的憨山、妙峰。

在抗日战争时期，忻州市是晋察冀、晋绥两大革命根据地中心腹地，也是高君宇、续范亭、徐向前、薄一波等老一辈革命家的故乡。这一个个光辉的名字，如同一颗颗闪亮的明星，汇成忻州上空光照万代的璀璨星河。

一、红色景点

忻州，北隔长城揽云朔，南界石岭通太原，西带黄河望陕蒙，东临太行连京冀，历代

为兵家必争之地。在近代史上，曾是晋察冀、晋绥革命根据地的中心，许多著名的战役，如忻口战役、夜袭阳明堡等战斗就发生在这里。这块土地上留下了许多具有教育意义、革命精神的革命遗址，成为晋北地区极具吸引力、感染力的爱国教育基地和旅游景点。

1.晋察冀军区司令部旧址纪念馆（五台县）

晋察冀军区司令部旧址纪念馆位于山西省五台县金刚库村，成立于2003年，在军区司令部旧址的基础上修建而成。旧址院落坐西向东，紧靠山根，位置险要。整个建筑分里外两院，大小相仿。纪念馆现有陈列室21间，展厅四个。具有北方明清时期建筑风格。

2.徐向前故居和纪念馆（五台县）

徐向前故居位于山西省五台县城东南20公里的东冶镇永安村，始建于清道光初年。1901年，徐向前元帅就出生在这里。这是一幢典型的晋北四合院式的建筑，院内正面为主房，两侧是厢房，是徐向前元帅青少年时期生活和

西河头地道战遗址纪念馆

广武汉墓群

学习的地方。在故居内，存有徐向前元帅学习用的木桌，还有徐帅的羊毛衫、军装等衣物。徐帅亲笔书写的《石灰吟》和《龟虽寿》原件也存放在这里。一件件实物和图片资料，反映了这位老一辈革命家生前清廉简朴，为革命事业奋斗终生的精神。

3.忻口战役遗址（忻州市）

忻口战役是抗日战争时期，中国军队在山西忻口抗击日军，保卫太原的中心战役。战役历时21天，参加作战的部队有阎锡山的晋绥军、国民党的中央军和中国共产党领导的八路军（又称第十八集团军）。这次战役是由第二战区指挥实施的太原会战的中心战役。该战役创歼敌逾万的纪录，是国共两党团结合作、在军事上相互配合的一次成功范例。忻口战役纪念墙位于忻口村外的一条沟里，108国道边土山上。一座十米多高的白色高墙矗立，汉白玉的四方墙座，墙的正面是"忻口战役纪念墙"题词；下面是一组夜袭阳明堡机场、忻口炮战浮雕，右侧面是阵亡的部分官兵姓名。

4.西河头地道战遗址（定襄县）

西河头地道战遗址位于定襄县城西2公里处，是全国保存最完整的两大地道战遗址之一。地道分为三层，二层设有指挥所、休息室、储藏室；三层有机要室、武器库、会议室。地道具有防水、防毒、防烟、射击等多种功能。地道筑成后武工队和地方民兵与敌人展开灵活的地道战，多次击退国民党阎匪军及地方武装的进攻，为人民解放战争的胜利做出了不可磨灭的历史贡献。

5.白求恩模范病室旧址（五台山）

白求恩特种外科医院位于下关乡杨庄村，距县城67公里。1938年11月，国际共产主义战士、加拿大著名外科医生白求恩，率领晋察冀军区医疗队从阜平到达灵丘杨庄。先后在石砟、串岭沟、黑寺、曲回寺、河浙等地抢救伤员，并根据抗日斗争的需要，在晋察冀军区医院一所驻地杨庄村创办了特种外科医院。

6.雁门关伏击战遗址

雁门关伏击战遗址位于忻州市代县雁门关乡黑石头沟村附近，在西陉关南2.5公里，南距代县城20公里。该遗址南北长1000米，东西长200米，现留存有被炸毁的大桥墩，为县级重点文物保护单位。1937年10月，日军侵占大同后，继续向南进犯太原。为配合二战区组织的忻口会战，八路军一二〇师（师长贺龙，政委关向应）奉命调三五八旅七一六团，由贺炳炎团长和廖汉生政委亲自指挥，于10月18日和21日在雁门关两次设伏，共歼灭日军约300人，击毁汽车数十辆，一度截断了代县至忻口村间的交通，有力地配合了忻口战役。雁门关伏击战是继平型关大捷后，八路军打的又一个较大的胜仗。

二、热门景点

忻州的旅游资源独具特色。山水等自然风景名胜遍布，此外，佛教圣地五台山居全国四大佛教名山之首，还有多处国家级森林公园，以及历史悠久的古长城重要关隘。忻州以其壮丽的自然风光和众多的文物古迹，闻名海内外。其中比较著名景点有：五台山、雁门关、芦芽山、万年冰洞、忻州明代城楼、元好问墓、秀容书院、貂蝉故里等。

三、非遗目录

忻州地处中原农耕文化和塞北游牧民族文化的分界点，孕育而出的民俗文化普遍具有风气刚劲、慷慨雄壮的地域文化特点，一些民间社会活动、生产生活习惯，经过忻州人的世代努力和积淀，发展成为各级非物质文化遗产。如：北路梆子、五台山佛乐、二人台、河曲民歌、繁峙秧歌戏、忻州挠羊赛、定襄面塑、河曲河灯会、原平凤秧歌、代县峨口挠阁、忻州八音等。

四、传统美食

忻州地处黄土高原，特殊的自然环境造就了忻州人独特的饮食方式，在历史的更迭中，忻州人独创了多种特色美食，丰富了人们的生活，吸引着八方来客。忻州比较著名的美食有：定襄蒸肉、保德碗托、忻州瓦酥、砍三刀、神池月饼、繁峙疤饼、一窝丝、杏瓣儿、原平锅魁等。

02 大同

北岳恒山　悬空寺　云冈石窟
华严寺　平型关大捷纪念馆
大同煤矿"万人坑"遗址纪念馆
九龙壁

北岳恒山

简介 | JIANJIE

　　北岳恒山位于山西省大同市浑源县城南4公里处，与东岳泰山、西岳华山、南岳衡山、中岳嵩山并称为中华五岳。恒山历史悠久，文化资源十分丰富，是我国北方著名的旅游胜地，道教的发祥地之一。明代以恒山为北岳；秦时恒山为"天下第二山"。汉武帝、唐太宗、唐玄宗、宋真宗等皆封北岳为王为帝，明太祖又尊北岳为神。作为道家三十六洞天之"第五小洞天"，历史上各代都有道教名家在恒山修行的传说，三茅真君、八仙之一的张果老、张三丰等均在此留下了许多美丽的传说和佳话。

　　北岳恒山西衔雁门，东跨幽燕，南屏三晋，北瞰朔漠，内有长城蜿蜒其上，烽火台星罗棋布，宁武、雁门、平型诸关，依恃为险，自古即为"中原锁钥""华夷之限"。历史上许多著名的军事将领，如蒙恬、李牧、卫青、霍去病、薛仁贵、杨家将、徐达、常遇春等人，都曾在恒山脚下纵横驰骋，留下了脍炙人口的征战故事和文化遗存。春秋时期赵简子又留有恒山埋玉的传说，战国名士张仪曾曰："恒山之险，必折天下脊，得恒山者得天下。"

　　北岳恒山景色秀丽，气候宜人。春来，桃花烂漫、姹紫嫣红；夏至，松涛阵阵，云蒸霞蔚；秋临，天高气爽，层林尽染；冬到，银装素裹，分外妖娆。主要景点有金龙峡、恒山松、桃花洞、悬空寺等，恒山十八景包括磁峡烟雨、云阁虹桥、云路春晓、虎口悬松、果老仙迹、危岩夕照、断崖啼鸟、幽窟飞石、龙泉甘苦、茅窟烟火、金鸡报晓、玉羊游云、紫峪云花、石洞流云、仙府醉月、奕台鸣琴、脂图文锦、岳顶松风。明代旅行家徐霞客游恒山后，把在恒山的见闻录入《徐霞客游记》中。2009年，北岳恒山被成功列入"国家自然和文化双遗产名录""世界自然和文化遗产预备名录"。

引文 | YINWEN

游恒山记（节选）

[明]徐霞客

　　十一日，风翳净尽，澄碧如洗。策杖登岳，面东而上，土冈浅阜，无攀跻劳。

　　一里，转北，山皆煤炭，不深凿即可得。又一里，则土石皆赤。有虬松离立道旁，亭曰望仙。又三里，则崖石渐起，松影筛阴，是名

虎风口。于是石路萦回，始循崖乘峭而上。三里，有杰坊曰"朔方第一山"，内则官廨厨井俱备。坊右东向拾级上，崖半为寝宫，宫北为飞石窟，再上则北岳殿也。上负绝壁，下临官廨，殿下云级插天，庑门上下，穿碑森立。

从殿右上，有石窟，倚而室之，曰会仙台。台中像群仙，环列无隙。余时欲跻危崖、登绝顶。还过岳殿东，望两崖断处，中垂草莽者千尺，为登顶间道，遂解衣攀蹑而登。二里，出危崖上，仰眺绝顶，犹杰然天半，而满山短树蒙密，槎枒枯竹，但能钩衣刺领，攀践辄断折，用力虽勤，若堕洪涛，汩汩不能出。余益鼓勇上，久之棘尽，始登其顶。

时日色澄丽，俯瞰山北，崩崖乱坠，杂树密翳。是山土山无树，石山则有。北向俱石，故树皆在北。浑源州城一方，即在山麓。北瞰隔山一重，苍茫无际。南惟龙泉，西惟五台，青青与此作伍。近则龙山西亘，支峰东连，若比肩连袂下扼沙漠者。

继而下西峰，寻前入峡危崖，俯瞰茫茫，不敢下。忽回首东顾，有一人飘摇于上，因复上其处问之，指东南松柏间，望而趋，乃上时寝宫后危崖顶。未几，果得径。南经松柏林，先从顶上望松柏葱青，如蒜叶草茎，至此则合抱参天，虎风口之松柏，不啻百倍之也。从崖隙直下，恰在寝宫之右，即飞石窟也。

■■解读■■

徐霞客（1587-1641年），名弘祖，字振之，号霞客，江阴（今江苏江阴）人，明代地理学家、旅行家。自幼好学，博览群书，欲

"问奇于名山大川"。21岁开始专心旅行，30多年间历尽艰险，足迹南至云、贵、两广，北到燕、晋，遍及现在的19个省区。其考察所得，以日记的形式记录下来，后人整理成《徐霞客游记》。此节选的是徐霞客十一日登恒山主峰的日记。

文章的第一段略写出发的时间和天气情况。"风翳净尽，澄碧如洗"，真是一个无风无云的好天气。

第二段详写上山登顶的经过。景物、地名，以及相隔的距离都写得十分详尽。这里的景物、地名大概有望仙亭、虎风口、"朔方第一山"牌坊、寝宫、飞石窟、北岳殿、会仙台等处，作者一步一景，描写生动，娓娓道来。虽然是简单的描写，但是各有特色。如：写松，则"松影筛阴"；写北岳殿，是"上负绝壁，下临官廨，殿下云级插天……"；写会仙台，"台中像群仙，环列无隙"。景物的形象，活现于笔下，读后如历历在目。登顶的经过写得最详。写其险峻，"两崖断处，中垂草莽者千尺"，"出危崖上，仰眺绝顶，犹杰然天半"；写其难攀，"满山短

树蒙密，槎材枯竹，但能钩衣刺领，攀践辄断折，用力虽勤，若堕洪涛，汩汩不能出"，可见登顶之不易。

第三段写登顶后远眺所见之景。先写了山北的特点："是山土山无树，石山则有。北向俱石，故树皆在北。"徐霞客观察细致、准确，却没有进行深入的解释，为何会出现这种情况。山北还有浑源城，作者一笔带过。向南看则有"南惟龙泉"；向西看则有"西惟五台"。两山一派青色，还有"西亘"的龙山，"支峰东连"。

第四段写从西峰下山，至飞石窟的情况。上山难，下山更难。作者竟然一时找不到下山的路径。"忽回首东顾，有一人飘摇于上，因复上其处问之，指东南松柏间，望而趋，乃上时寝宫后危崖顶。"这才找到上山时的原路。作者下山时也在观察，发现先前从山顶远望松柏林，"如蒜叶草茎，至此则合抱参天，虎风口之松柏，不啻百倍之也。"真是视角不同，距离不同，所见景物大有出入。按照路人所指，很快就到了飞石窟。

扩展 | KUOZHAN

◆浑源凉粉

清泠泠的凉粉、红通通的辣椒油、炸得金黄酥脆的莲花豆，切成菱形嚼起来特别筋道的豆腐干，看上去就是色香味俱佳。莲花豆香酥可口，豆腐干嚼得过瘾，而辣椒油则口感香辣，不同于其他辣椒的干辣。另外，浑源凉粉的辣椒油可预防癌症及其他慢性疾病。

◆应县牛腰

由面食和糖稀混合炸成的形状、颜色均似牛腰的应县牛腰,味道香甜,有油炸食品特有的香味。酷爱甜食与油炸食品的朋友们千万不能错过。

◆刀削面

削出的面叶儿,一叶连一叶,恰似流星赶月,在空中划出一道弧形白线,面叶落入汤锅,汤滚面翻,又像银鱼戏水,煞是好看,熟练的厨师,每分钟能削一百多刀,每条面叶的长度,恰好都是六寸。面条里再加入美味的汤汁和些许烂肉,放点辣椒油,香气扑鼻,诱人食欲。

◆应县滴溜

应县滴溜采用优质玉米制成,成品滴溜黄莹莹颤悠悠,灿如美玉、细如脂,看似柔嫩,实则筋韧,富于弹性,可切成细丝挂钩叫卖,为充饥饱腹的美食,具有清凉消暑的功能。

悬空寺

简介 | JIANJIE

　　悬空寺位于山西省浑源县恒山金龙峡西侧翠屏峰的峭壁间，以险峻著称。该寺建成于1500年前北魏时期，是中国佛、道、儒三教合一的寺庙。悬空寺又称"玄空阁"，"玄"取自中国传统宗教道教教理，"空"则来源于佛教教理，后来之所以改名为"悬空寺"，是因为整座寺院就像是悬挂在悬崖之上，"悬"与"玄"同音，因此而得名。提及悬空寺，素有"悬空寺，半天高，三根马尾空中吊"的俗语，悬空寺以如临深渊的险峻而著称，公元735年，诗仙李白在游览悬空寺后，在岩壁上写下了"壮观"两个大字，仍然觉得不足以体现自己激动的心情，于是在"壮"上多加了一点。明崇祯六年，徐霞客游历至此，惊叹为"天下巨观"。悬空寺曾入选《时代周刊》世界十大不稳定建筑。

悬空寺距地面高约50米，沿用了中国的建筑传统和建筑风格，其建筑特色可以概括为"奇、悬、巧"三个字。悬空寺处于深山峡谷的一个小盆地内，全部悬挂于石崖中间，石崖顶峰突出的部分好像是一把伞，使古寺免受雨水的冲刷。每当山下的洪水泛滥时，悬空寺也免于被淹。"悬"是悬空寺的另一特色，表面看上去支撑整座寺庙的是十几根碗口粗的木柱，其实有的木柱根本不受力，而真正的重心是撑在坚硬岩石里。悬空寺的设计者利用力学原理以半插飞梁为基，因地制宜，充分利用峭壁的自然状态布置和建造寺庙各部分建筑，将一般寺庙平面建筑的布局、形制等建造在立体的空间中，山门、钟鼓楼、大殿、配殿等都有，设计非常精巧。这正是悬空寺的巧妙之处。

引文 | YINWEN

恒山奇观（节选）

胡正

恒山景观以奇丽壮美著称，素有"恒山十八景"之说。除前面看到的几处景外，尚有金鸡报晓、玉羊游云、岳顶松风、夕阳返照以及飞石窟、姑嫂崖、紫芝峪、会仙府、桃花洞、仙人坟、停旨岭等神奇胜景。而被称颂为"恒山第一奇观"的则是明代旅行家、地理学家徐霞客誉为"天下巨观"的悬空寺。悬空寺建在恒山西岩半山腰的危崖绝壁当中，上载悬崖峭壁、下临陡峭深谷。远望飞楼云阁，如嵌挂在悬崖峭壁上的一幅玲珑剔透的浮雕；近看庙宇殿堂，则惊叹建筑之精美奇巧。

悬空寺始建于北魏，与大同市云冈石窟同龄。北岳恒山之主庙亦始建于北魏，大约是北魏在大同建都时所为。后经历代重修扩建，至今仍在维修粉饰。寺内有六座殿阁，两座三层飞楼。共有楼阁庙宇四十余间。庙宇之飞梁横插岩石暗托，楼阁高低交错，在断崖处以飞虹栈道相连。在殿宇楼阁下面，仅以几十根长柱依托半空之岩石支撑，上不着天、下不着地，恰如凌空危挂，貌极惊险，似危实坚。沿石阶登临寺内后，或钻门洞、或穿石窟、或跨飞栈、或步曲廊陡梯，如置身灵境，甚感妙趣雅兴。

令我惊奇的是在并不宽大的危楼之上，竟然既有道观又有佛庙，如纯阳宫、三宫殿、五佛殿、雷音殿、地藏宫、如来佛堂、千手观音殿和送子观音殿。此外，还有唐代诗仙的"太白祠"。祠旁崖石上刻有斗大二字"壮观"，旁刻小字李白书。寺庙内有铜铸、铁铸、泥塑、木雕、石刻等各具风采的神像八十多尊。有形体丰满的佛像，有神态逼真的道祖，还有美艳华姿的天女。

更使我惊叹感佩的，是在悬空寺高层三教殿内，释迦牟尼、老子、孔子的三尊塑像并立一室，佛教、道教、儒教始祖同居一堂。在这长宽不过几尺的狭小殿堂内，竟能容纳下中外不同教派的三位大师。而他们的神态既端庄肃穆，又和蔼慈祥，似能和安共居。真乃庙小世界大，兼容并蓄广。

我走出三教殿后，站在高悬的曲廊上，久久沉思凝望。仰望高耸入云的北岳恒山，恒山是那样崇高雄伟，遍布天然胜景，而眼前的悬空寺是这样纤巧灵秀，巧夺天工。恒山松是那样坚毅挺拔、根壮树高，三教殿内又能兼容并蓄，宽宏博大。这时，红日正从黑云中游出，消融着恒山顶上的莹莹白雪，辉映着俏丽的悬空寺的楼阁朱颜。春风徐徐吹来，摇响了飞楼殿阁的风铃。面对坚强而又宽容的北岳恒山，耳听山上的松涛和楼角的铃响，顿觉胸怀开朗，心舒气爽。恒山奇观给我留下了如此美好的印象，在返回浑源城的途中，我仍不时回首遥望：雄伟壮丽的北岳恒山，北国的奇峰！

■■解读■■

胡正（1924-2011），山西灵石人。当代著名作家，主要作品有《汾水长流》。胡正在散文《恒山奇观》一文中写下了自己游历恒山时所见到的奇观，其中重点写了登临悬空寺的所见所闻。悬空寺的雄伟崇高、天然胜景，以及它的巧夺天空，在胡正的笔下一一呈现。作者不禁感叹"这北国的奇峰"！悬空寺的建筑特色以"奇、悬、巧"著称于世。作者在文章中抓住了这三大特色展开描写，"建在恒山西岩半山腰的危崖绝壁当中，上载悬崖峭壁、下临陡峭深谷。远望飞楼云阁，如嵌挂在悬崖峭壁上的一幅玲珑剔透的浮雕"，写其"奇"；"仅以几十根长柱依托半空之岩石支撑，上不着天、下不着地，恰如凌空危挂，貌极惊险，似危实坚"，写其"悬"；"寺庙内有铜铸、铁铸、泥塑、木雕、石刻等各具风采的神像八十多尊。有形体丰满的佛像，有神态逼真的道祖，还有美艳华姿的天女"，写其"巧"。此外，悬空寺不仅以其建筑的惊险奇巧著称于世，还以独特的"三教合一"宗教文化闻名于世。对于悬空寺而言，虽然名为"寺"，却佛道儒三教合一，时僧时道，僧道融合。可以说，独特的建筑特色和匪夷所思的古代人类智慧使悬空寺这一古老华夏文明的奇葩熠熠生辉。

扩展 | KUOZHAN

◆ 李白醉书悬空寺

北岳恒山西侧的翠屏峰上有天下闻名的悬空寺，这座建造于北魏时期的著名寺庙，曾留下不少文人墨客的足迹。在悬空寺外的峭壁上，有"壮观"二字，传说是唐朝大诗人李白亲笔所写。但细心的人们发现，这个"壮观"的"壮"字比正确的写法多了一点，这是为什么呢？

传说当年李白游历到此，见到建在崖壁上的悬空寺，惊愕万分，诗兴大发，但左思右想，一时又找不到更好的诗句来形容悬空寺，于是挥笔写下了"壮观"二字，写罢意犹

未尽，感觉难抒胸臆，于是又在"壮"字上重重加了一个"点"画，意为悬空寺比壮观还要多一点。这一传说流传广泛，为悬空寺增添了传奇色彩。关于"壮观"二字还有另外的一种解释，据说当时来到悬空寺的李白被悬空寺的优雅险峻所征服，喜爱喝酒的他当晚就喝醉了，挥笔写下"壮观"。第二天酒醒后，发现酒醉时写的字多了一笔，但是大诗人也不好改正，于是就对旁边的人说这一笔是故意写错的，意思是悬空寺比壮观还要多一点。

云冈石窟

简介 │ JIANJIE

　　云冈石窟位于大同市西15公里的武周山麓，武州川的北岸。石窟依山开凿，东西绵延一公里。现石窟依山开凿，规模恢宏、气势雄浑。窟区自东而西依自然山势分为东、中、西三区。现存的主要洞窟45个，佛龛、造像不计其数，是我国现存规模最大的石窟群之一，也是世界闻名的艺术宝库。云冈石窟是在北魏中期开凿的，距今已有1500年的历史，是佛教艺术东传进入中国后，第一次用一个朝代雕作而成的具有皇家风范的佛教艺术宝库，也是中西文化融合的历史丰碑。

　　云冈石窟、敦煌莫高窟、洛阳龙门石窟、天水麦积山石窟，并称为中国四大石窟。云冈石窟2001年被联合国教科文组织列入世界文化遗产名录。与其他三大石窟相比，云冈石窟有两个非常明显的特点。首先，云冈石窟是由当时统治中国北方的北魏王朝，倾全国之力所打造的皇家石窟，里面不仅有五层楼高的巨型佛像，还有象征着北魏前期五个皇帝的五尊帝王佛像，显示出恢宏磅礴的皇家气派。其次，北魏平城作为当时国际性的大都会，云冈石窟的修建也吸引了众多一流工匠。他们带来了南北方，甚至印度、中亚、西亚的艺术风格，将云冈石窟打造成一个世界性的艺术殿堂。

云冈石窟的造像气势宏伟，内容丰富多彩，堪称是中国石刻艺术之冠，被誉为中国古代雕刻艺术的宝库。石窟按照开凿的时间可分为早、中、晚三个不同时期，不同时期的石窟造像风格可谓是各有特色。早期的"昙曜五窟"气势磅礴、浑厚纯朴，颇具西域情调；中期石窟则以精雕细琢、装饰华丽而著称于世，显示出富丽堂皇的北魏时期艺术风格；晚期的窟室规模虽小，但人物形象清瘦俊美，比例适中，是中国北方石窟艺术的榜样和"瘦骨清像"的源起。此外，石窟中留下的乐舞和百戏杂技雕刻艺术，也是当时佛教思想流行的体现和北魏社会生活的反映。在石窟群中，有神态各异、栩栩如生的人物形象，如佛、菩萨、护法诸天等；有风格古朴、形制多样的仿木构建筑物；有主题突出、刀法娴熟的佛传浮雕；有构图精细、优美精致的装饰纹样。此外，还出现了雕刻有我国古代乐器的内容，如箜篌、排箫、筚篥和琵琶等，丰富多彩，琳琅满目。在雕造技艺上，云冈石窟继承和发展了我国秦汉时代雕刻艺术的优秀传统，在我国雕塑史上留下了重要的一页。

云冈石窟不但是今天了解和研究我国古代历史、雕刻、建筑、音乐以及宗教信仰等方面的重要资料，也是追溯古代中西文化交流和世界人民友好往来的实物佐证。可以说，云冈石窟形象地记录了印度及中亚佛教艺术向中国佛教艺术发展的历史轨迹，反映出佛教造像在中国逐渐世俗化、民族化的过程，多种佛教艺术造像风格在云冈石窟实现了前所未有的融会贯通。

引文 | YINWEN

与生公游石窟山

[唐]张九龄

探秘玩云远，忘怀复尔同。

日寻高深意，宛是神仙中。

跻险构灵室，诡制非人功。

潜洞黝无底，殊庭忽似梦。

岂如武安凿，自若茅山通。

造物良有寄，嬉游乃惬衷。

犹希咽玉液，从此升云空。

咄咄共携手，泠然且驭风。

题石窟（寺魏孝文所置）

[唐]宋昱

梵宇开金地，香龛凿铁围。影中群象动，
空里众灵飞。

檐牖笼朱旭，房廊挹翠微。瑞莲生佛
步，瑶树挂天衣。

邀福功虽在，兴王代久非。谁知云朔外，
更睹化胡归。

■■解读■■

张九龄，字子寿。景龙（唐中宗年号）
初进士，是唐代有名的贤相。著有《曲江
集》。在与朋友游历云冈石窟后，他挥笔写
下了《与生公游石窟山》。宋昱，唐代诗人。

官至中书舍人，知选事。安史之乱时，为乱
兵所杀。他在游览云冈时写下《题石窟（寺
魏孝文所置）》一诗。自北魏文成帝开凿云
冈石窟以来，历史上不乏文人墨客为大同
云冈石窟留下墨宝和诗词，他们或是慕名
前来，或是路经大同，或是送别好友，或是
居此为僧，尽兴游览云冈石窟后，面对大佛
抒发情怀，不少诗人写下了脍炙人口的好
诗句。张九龄的《与生公游石窟山》把云冈
石窟的险峻位置以及进入石窟的感觉和心
态，表露无遗。从中可以窥见大同云冈石窟
的历史风貌和沧桑变化，给人以无尽的启
迪与遐思。宋昱的《题石窟》则对雕刻的壁
画做了生动描述。如"影中群象动，空里众

灵飞"。

此外，顾况的《大茅岭东新居忆亡子从真》，从侧面写出了云冈石窟的自然风貌，喻兔的"燕拂沙河柳，鸦高石窟钟"，直接将云冈石窟周围的景物及石窟的巍峨跃然纸上，而宋代释文珦的《同友行山峰隐僧语》，更是一路游览，描绘了云冈多处景色。如"门前羃萝茑，座后翳松栝"，等等。清代王度的"耸峰危阁与天齐，俯瞰尘寰处处低"，陈宝琛的"皱云特起森玲珑"、蔡珽的"翠岭岩峣出半空"也分别写出了云冈石窟的险峻和风貌，留给读者无限遐想。

扩展 | KUOZHAN

◆百花烧卖

大同烧卖好看又好吃。刚出笼的烧卖，边口雪白蓬松，如同梨花开瓣，透过洁白晶莹的面皮可以看到肉馅，皮薄肉嫩，清香可口。

◆大同兔头

兔头是山西大同的传统名菜之一，是当地人较爱吃的一种食物，把兔子的脑袋用姜葱辣椒八角等十余种香料加以红焖，熬的时间至少得三小时以上，直至香料的味浸透到软烂软烂的兔肉里，属典型的北方菜式，味道香辣，口味比较重，味道不错。

◆大同羊杂

将羊头、羊蹄、羊心、羊肝、羊肺、羊肠以及羊血等洗净、煮熟、切碎，配以葱、辣椒、盐等调料熬制成汤，再加上山药粉条，煮好后，红白相间，热气腾腾，油而不腻，质醇味美，令人垂涎欲滴。

华严寺

简介 | JIANJIE

　　华严寺位于大同市中心的大西街，是依据佛教的七大宗之一——华严宗的经典《华严经》而修建而成，故名华严寺。华严寺始建于唐贞元十九年（803），现仅存砖塔两座，东为初祖杜顺禅师塔，西为四祖清凉国师塔。寺内主要建筑有大雄宝殿（上寺）和薄伽教藏殿（下寺），其建筑、塑像、壁画、壁藏、藻井等，都是我国辽代艺术的典范。

　　上华严寺俗称上寺，是以大雄宝殿为主体的一组建筑。大门两侧刻有"拈花笑"和"擎竹间"，均出自佛教典故。大雄宝殿始建于辽代清宁八年（1062），保大二年（1122）毁于兵火。金代天眷三年（1140）在旧址的基础上重建，以后历代都进行了修补，是我国现存辽、金时期最大的佛殿，殿内四壁是清代绘制的21幅巨型壁画，均保存完整，色彩艳丽，金碧辉煌，面积在山西省的寺院壁画中居第二位，仅次于芮城永乐宫。

　　下华严寺坐落于上寺的东南侧，以辽代建筑薄伽教藏殿为主。薄伽是梵语，译为"世尊"，是佛的十大称号之一。薄伽教藏就是释迦牟尼所说的经典教藏。薄伽教藏殿建于辽重熙七年（1038），结构严谨，形制稳健，殿内是精巧玲珑的木构模型，对于研究我国古代建筑艺术，具有重要的科学价值，著名建筑学家梁思成称其为"海内孤品"。殿内完整地保存着31尊辽代塑像，其中最为经典的两尊塑像历来深受学者与游客的推崇与赞赏, 尤其是合掌露齿菩萨塑像体态袅娜, 婉丽动人, 艺术价值最高, 普贤菩萨像则流露着细腻动人的感情, 魅力独具。

　　景区内的华严宝塔是根据《辽史·地理志》中的记载恢复建造的, 是继应县木塔之后全国第二大纯木榫卯结构的方形木塔。木塔平面呈方形, 为三层四檐纯木榫卯结构, 每层面宽、进深各为三间, 均按辽金时期建筑手法营造。塔内分层供奉着香檀木雕刻的释迦牟尼佛、观世音菩萨、交脚菩萨像。宝塔上景金盘, 下承莲池, 特别是塔下近500平方米的千佛地宫, 采用百吨纯铜打造而成, 内供高僧舍利及千尊佛像, 金碧辉煌, 是传统与现实完美结合的典范之作。

引文 | YINWEN

梁思成落户大同（节选）

梁衡

行走田野中与山西结缘

　　纸上得来终觉浅, 他在欧美留学回来即一头扎进实地考察之中。那时的中国兵荒马乱, 梁带着他美丽的妻子林徽因和几个助手跑遍了河北、山西的古城和古庙。山西的北部为佛教西来传入中原时的驻足之地, 庙宇建筑、雕塑壁画等保存丰富; 又是北方游牧民族定居、建都之地, 城建规模宏大。上世纪30年代, 西方科学研究的"田野调查"之法刚刚引进, 这里就成为中国第一代古建研究人的理想试验田。1933年9月6日梁思成、林徽因一行来到大同, 下午即开始调查测量华严寺, 接着又对云冈、善化寺进行详细考察, 17日后又往附近的应县木塔、恒山悬空寺调查。再后来, 梁、林又专门去了一次五台山, 直到卢沟桥的炮声响起他们才撤回北平。因为有梁思成的到来, 这些上千年的殿堂才首次有现代照相机、经纬仪等设备为其量身造影。在纪念馆里我们看到了梁思成满面风尘趴在大梁上的情景, 也看到了秀发披肩, 系着一条大工作围裙的林徽因正双手叉腰, 专注地仰望着一尊有她三倍之高的彩塑大佛。这就是他们当时的工作。幸亏抢在日本人占领之前, 这次测量留下了许多宝贵资料。以后许多文物即毁在侵略者的炮火下。抗战八年, 他们到处流浪, 丢钱丢物也不肯丢掉这批宝贵资料, 终于在四川长江边一个叫李庄的小镇上完成了中国古建研究的重要成果。也成就了梁、林在中国建筑史上的地位。

　　现在纪念馆的墙上和橱窗里还有梁、林当年为大同所绘的古建图, 严格的尺寸、详尽的数据、漂亮的线条, 还有石窟中那许多婀娜灵动的飞天。真不知道当时在蛛网如织、蝙蝠横飞、积土盈寸的大殿里, 在昏暗的油灯下, 在简陋的旅舍里, 他们是怎样完成这些开山之作的。这些资料不只是为大同留下了记录, 也为研究中国建筑艺术提供了依据。

在大同城头向先生致敬

今天我站在新落成的大同古城墙上,想起林徽因当年劝北京市领导人的一句话:你们现在可以拆毁古城,将来觉悟了也可以重修古城,但真城永去,留下的只不过是一件人造古董。我们现在就正处在这种无奈和尴尬之中。但是重修总是比抛弃好,毕竟我们还没有忘记历史,在经历了痛苦反思后又重续文明。现在的城市早已没有城墙,有城墙的城市是古代社会的缩影,城墙上的每一块砖都保留着那个时代的信息和文化的基因。每一个有文化的民族都懂得爱护自己的古城犹如爱护自己身上的皮肤。我看过南京的明城墙,墙缝里长着百年老树,城砖上刻有当年制砖人名字,而缘砖缝生长的小树根竟将这个我们不相识的古人拓印下来,他生命的信息融入了这棵绿树,就这样一直伴随着改朝换代的风雨走到我们的面前。我想当初如果听了梁先生的话,北京那40公里长的古城墙,还有十多座巍峨的城楼,至今还会完好保存。我们爬上北京的城楼能从中读出多少感人的故事,听到多少历史的回声。

现在我只能在大同城头发思古之幽情和表示对梁先生的敬意了。我手抚城墙，城内的华严寺、善化寺近在咫尺，那不是假古董，而是真正的辽、宋古建文物，是《营造法式》书中的实物。寺内的佛像至今还保存完整，栩栩如生。他们见证了当年梁先生的考察，也见证了近年来这座古城的新生。抚着大同的城墙我又想起在日本参观过的奈良古城，梁思成是随父流亡时在日本出生的，日本人民也世代不忘他的大恩。二战后期盟国开始对日本本土大规模轰炸，有199座城市被毁，九成建筑物被夷为平地，这时梁先生以古建专家的身份挺身而出，劝阻美军轰炸机机下留情，终于保住了最具有日本文化特色的奈良古城。30年后这座城市被联合国宣布为世界文化遗产，她保有了全日本十分之一的文物。梁思成是为全人类的文化而生的，他超越民族、超越时空。这样想来，他的纪念馆无论是在古都北京还是在塞外大同都是一样的，人们对他的爱对他的纪念也是超越地域超越时空的。

呜呼，大同之城，天下大同，哲人大爱，无复西东，古城巍巍，朔风阵阵，先生安矣！

在天之魂。

■■解读■■

梁衡，著名学者，新闻理论家，作家。梁思成既是建筑领域的大家，也是保护人类文化的先驱者。

梁思成、林徽因夫妇等一行人曾于1933年到大同，对云冈石窟、华严寺、善化寺等古建筑进行考察，通过梁思成的权威研究，这些历史悠久的古建筑才以特有的价值和魅力进入公众的视野。《人民日报》2012年7月4日刊登梁衡的文章，纪念中国建筑学史的开创人梁思成。

扩展 ｜ KUOZHAN

◆合掌露齿菩萨的传说

辽代朝廷崇信佛教，全国范围内征调能工巧匠修建华严寺。据说民间有个雕造技术十分出众的巧匠，不愿意为朝廷卖命，而且也不忍心留下女儿一个人在家。他的行为惹恼了官府，官府以"违抗皇命"的罪名把这个工匠痛打了一顿。其他工匠都为他求情才免于一死。工匠的女儿十分惦念老父亲，于是女扮男装，假扮成工匠的儿子，托人求情前来照顾老父亲，并同父亲一起干活。

　　女儿见到父亲和工匠们塑造神像时经常苦苦思索，便常在一旁或立或坐，做出双手合十、闭目诵经的姿态，为他们祈祷。工匠们见到这样的情形，受到启发，便依着女孩的身段、体形、动态进行创作。一日，官府欺压并毒打了这个女孩，她纵身投入铸钟造塔的滚沸的铁水中，继而化为一朵白云，飘向了天空。年轻的工匠们记住了老工匠的女儿临去之前的露齿一笑，就照着她生前的神态、形体、眼神，把那露齿莞尔一笑的神情塑在雕像上，放在寺庙内的显要位置。

平型关大捷纪念馆

简介 | JIANJIE

灵丘是山西省革命老区，是晋察冀抗日根据地的发源地之一。在抗日战争时期，灵丘是晋察冀边区最早建立并最早解放的抗日根据地之一；在解放战争时期，灵丘作为华北解放军的物资供应基地、兵工生产基地，为解放战争的胜利做出了重要贡献。长期的革命斗争，在灵丘这块红色的土地上留下了许多革命遗迹。

1937年9月，日军占领了山西天镇、广灵等地。八路军第120师从西面驰援雁门关，八路军第115师从东面配合作战，对灵丘县平型关的日军实施攻击。23日至25日，在平型关与日军第5师团发生激战，歼灭日军1000多人，击毁汽车100余辆。平型关大捷打破了日军不可战胜的神话。

平型关大捷纪念馆于1969年由中国人民解放军北京军区主持修建。1990年，遵照聂荣臻元帅的指示，经过修缮后重新开馆。2006年进行改扩建和重新布展，改扩建后的纪念馆由序厅、3个独立单元的主展厅和半景画馆、缅怀厅和观景台等景点组成。馆内陈列有丰富翔实的图片、文献资料和文物，通过复制景观、绘画、造型、塑形、声光、视频等多种技术和艺术手法，真实形象地再现了震惊中外的八路军平型关大捷的历史场面，是全面系统地反映平型关大捷这一经典战役的专题展馆。

满江红
郁达夫

三百年来,我华夏威风久歇。

有几个,如公成就,丰功传烈?

拔剑光寒倭寇胆,拨云手指天心月。

到于今,遗饼纪东征,民怀切。

会稽耻,终须雪。楚三户,教秦灭。

愿英灵,永保金瓯无缺。

台畔班师酣醉石,亭边思子悲啼血。

向长空,洒泪酹千杯,蓬莱阙。

■■解读■■

郁达夫是新文学团体"创造社"的发起人之一,是一位为抗日救国而殉难的爱国主义作家。在文学创作的同时,还积极参加各种反帝抗日组织,先后在上海、武汉、福州等地从事抗日救国宣传活动,其文学代表作有《怀鲁迅》《沉沦》《故都的秋》等。创作这首词时,正值中国抗战全面爆发,值此民族危亡之秋,郁达夫登上山顶,凭吊抗倭民族英雄戚继光。词中述史引典,说古喻今,深沉激越,雄浑悲壮。

"三百年来,我华夏威风久歇。"开篇作者以惋叹的口吻追述三百年前我华夏何等威壮,可自戚继光抗倭以后一段时期,三百年来华夏盛势渐衰。为此诗人无限感

慨："有几个、如公成就，丰功传烈？"以反问的口吻突出了戚继光抗击倭寇的卓著功勋。"拔剑光寒倭寇胆，拨云手指天心月"一联概写了戚继光十年抗战的雪耻决心、英雄气概和丰功伟绩。"到于今"三句则从人民群众世代怀念民族英雄的角度写戚继光功垂千古，且一直鼓舞着中华儿女世世代代为保卫中华江山和利益英勇奋战。

在诗中，郁达夫发出了坚定而豪迈的战斗口号，表达了中华民族不甘屈辱的时代强音。"会稽耻，终须雪。楚三户，教秦灭。"这四句短促而有力，激发出一种中华民族必胜的信念："愿英灵、永保金瓯无缺。"诗人祈愿中华儿女一举战胜日寇，祖国河山无缺。

下一句突出了戚继光大义灭亲的高尚情怀。诗人站在蓬莱阁畔，祭奠英雄的在天之灵，酹千杯酒、泪洒千行。

扩展 ｜ KUOZHAN

◆广灵染色剪纸

广灵剪纸是中国国内少有的以阴刻为主的点彩剪纸之一，是中国特有的一种剪纸艺术样式，也是中国民间剪纸三大流派之一，在中国的剪纸艺术中占有突出的地位，以其独特的风格、艳丽的色彩、生动的造型、纤细的线条、传神的表现力和细腻的刀法独树一

帜, 自成一派, 奠定了剪纸行业的至尊地位, 被誉为"中华民间艺术一绝"。

◆ 恒山道乐

北岳恒山是我国北方地区道教活动的圣地, 宗教氛围浓厚, 活动频繁, 北岳道乐在此基础上产生, 后又不断吸收民间鼓吹乐、唐宋大曲、法曲而成型。北岳道乐是我国北方道教音乐的一支, 其演奏人员主要由恒山在家道士组成, 当地人称为"北岳道乐班"。恒山道乐在山西省浑源县及其大同、太原、河北、内蒙古等周边省市已自成流派、自立体系, 各个派系所保留下来的乐曲和曲目, 对弘扬民族传统文化, 继承和发展民族传统音乐有着十分深远的影响。

◆ 雁北耍孩儿

耍孩儿又称咳咳腔, 是以曲牌名命名的一个戏曲声腔剧种, 主要流布于山西省北部的大同市及周边地区。耍孩儿的传统剧目有《白马关》《七人贤》《三孝牌》《打佛堂》《对联珠》等。角色分红、黑、生、旦、丑五行, 表演上大量吸收民间舞蹈动作, 更接近于生活, 处处洋溢着乡土气息。耍孩儿最为突出的特点是唱腔发声使用后嗓子, 声音从喉咙后部挤压发出, 先咳后唱, 以特殊的音色造成浑厚有力的音响效果。2006年, 雁北耍孩儿经国务院批准列入第一批国家级非物质文化遗产名录。

大同煤矿"万人坑"遗址纪念馆

简介 | JIANJIE

　　在日军侵占大同期间，疯狂地掠夺大同煤炭资源，从山东、江苏、河南、安徽、河北等地抓夫到大同煤矿当劳工。这些矿工在条件极其恶劣的矿井下，每天服苦役十几个小时，被折磨至死的劳工不计其数。劳工死后被抛尸荒山野岭，在大同矿区形成了二十多处白骨累累的"万人坑"。其中，坐落在煤峪口南沟的"万人坑"是目前国内保存较为完整和规模较大的一处。

　　大同煤矿"万人坑"遗址纪念馆占地33.7万平方米，分为苦难展示区、文物保护区、煤炭历史展览区等不同的部分。主要建筑有展览厅、折板式廊道、多媒体演示厅、"万人坑"悼念厅、无字碑林等。纪念馆从门口到展馆的缓坡地面上，有着"1937—1945"字样的8块铸字铁板深深地嵌入周围的地砖，警示人们牢记大同矿工抗战8年经历的深重苦难。纪念馆门厅下方，设计有遗骨巨幅浮雕，其中"14000000"和"60000"两组凸起的数字，直观地告诉世人日本侵略者占领大同煤矿8年间掠夺优质煤炭1400万吨，造成6万名矿工丧失生命。

纪念馆以"牢记历史，珍爱和平，面向未来，振兴中华"为主题，分为"觊觎矿藏，蓄谋已久""荼毒大同，霸占煤矿""野蛮开采，疯狂攫取""奴役矿工，灭绝人性""累累白骨，铁证如山""铭记历史，珍爱和平"六大部分，采用大量珍贵图片、实物资料，通过背景雕塑、幻影成像、多媒体技术、场景再现等声光电多种现代科技手段进行展示，深刻而形象地揭露了日本侵略者在大同煤矿犯下的滔天罪行，告诫国人铭记苦难历史，为实现中华民族的伟大复兴而自强不息。纪念馆现在是全国重点文物保护单位、红色旅游经典景区、爱国主义教育基地。

引文 | YINWEN

让死的死去吧
殷夫

让死的死去吧！
他们的血并不白流，
他们含笑地躺在路上，
仿佛还诚恳地向我们点头。
他们的血画成地图，
染红了多少农村、城头。
他们光荣地死去了，
我们不能向他们把泪流。
敌人在瞄准了，
不要举起我们的手！
让死的死去吧！
他们的血并不自流，
我们不要悲哀或叹息，
漫漫的长途横在前头。
走去吧，

斗争中消息不要走漏，
他们尽了责任，
我们还要抖擞。

■■解读■■

殷夫(1910-1931)，中国无产阶级的优秀诗人，左联五烈士之一。著有《殷夫选集》《殷夫集》。《让死的死去吧》是诗人殷夫创作的一首新诗。这首诗展示了一个战斗集体在残酷的战斗中所表现出的决心和勇气，全诗前后照应，一气呵成，内容抑扬顿挫，铿锵有力。诗歌的第一句"让死的死去吧！"如山岳横空，表达出诗人面对残酷的斗争现实的豁达情怀与无畏勇气，领起全篇。接下来，诗人形象地说明了为什么要"让死的死去"的原因：一是英雄的献血并不会白流，二是必须继续战斗。这一节诗写得抑扬顿挫，铿锵有力。

诗歌的第二节写诗人誓要踏着烈士的

血迹前进，这是斩钉截铁的誓言，充满了革命力量。

这首抒情诗在沉稳内敛的叙述当中，带给人前进的力量，既表现了对逝去先烈的追慕和对光明的追求，同时也对革命志士提出了要求和希望。

扩展 ｜ KUOZHAN

◆大同数来宝

数来宝是一种使用大同方言表演的曲艺形式。表演为韵诵式的数唱，传统唱词大都是即兴编唱，依据一定的程式，演员根据自身丰富的生活阅历和即兴创作的才能，讲今说古，类编排比、夹叙夹议。唱词的句式一般为上六下七的上下句式，上句六个字可为三、三句式，下句七个字为二、二、三句式。采用"大花辙"的押韵方法，上下句尾字要求同辙同韵（同一个声调），数唱中可穿插简短说白。数来宝在它的演化过程中使用过多种击节乐器。

◆灵丘罗罗腔

灵丘罗罗腔是流行于山西省灵丘县及其周边地域的汉族戏曲剧种之一，由弋阳腔演变而来，兴盛于清代乾隆年间，清末至民国时期渐呈衰退之势。罗罗腔由一人在前台演唱，众人在后台帮腔，和之以"罗罗哟哟"之声，"罗罗腔"之名即由此而来。灵丘罗罗腔的传统音乐唱腔传说有"九腔十八调，七十二哈"。传统代表剧目有《小二姐做梦》《锦缎记》《读绒花》《龙宝寺》《描金柜》等40多个剧目。2006年，罗罗腔经国务院批准列入第一批国家级非物质文化遗产名录。

九龙壁

简介｜JIANJIE

　　大同九龙壁位于大同市和阳街，建于明洪武年间，原为明太祖朱元璋第十三子朱桂之代王府的照壁。大同九龙壁是中国现存九龙壁中建筑年代最早、最大的一座，比北京故宫和北海的九龙壁早三百余年，大小约是北海的九龙壁的三倍。

　　洪武二十四年（1391）朱桂改封代王，洪武二十五年（1392）就藩大同。王府建筑规模宏大，气势雄伟，坐北朝南，呈长方形，中轴线上前有九龙照壁，整个王府建筑金碧辉煌，豪华壮丽，廊庑相接，屋宇错落，前堂后寝，殿宇深邃，回廊曲折，是一所完整的王城府邸。可惜的是该府于崇祯末年（1644）毁于战火。王府照壁九龙壁因隔着和阳街而立，故独以保存至今。

　　现在的九龙壁位于城内大东街（和阳街）路南，坐南朝北，建于洪武二十五年（1392）至二十九年（1396）。九龙壁东西长45.5米，高8米，厚2.02米，是我国现存三座九龙壁中最巍峨壮观、最富艺术魅力的一座。九龙壁结构整体使用孔雀蓝、绿、正黄、中黄、浅黄、紫等色，整体由426块特制烧造琉璃构件拼砌而成。壁顶为仿木构单檐五脊顶，由62组琉璃斗拱承托，正脊脊顶两侧有高浮雕的多层花瓣的莲花及游龙等图案，两端是龙吻、鸱首，为龙首造型。壁面上均匀协调地分布着九条飞龙。九条巨龙

伸爪抱珠，捕风弄雨，盘曲回绕，体态雄健，色彩绚丽，栩栩如生。龙的间隙由山石、水草图案填充，互相映照和烘托。壁底为须弥座，高2.09米，敦实富丽，上雕41组二龙戏珠图案。腰部由75块琉璃砖组成浮雕，有牛、马、羊、狗、鹿、兔等多种动物形象，生动活泼，多彩多姿。九龙壁的东西两端分别是旭日东升和明月当空的图案，并衬有江崖海水，流云纹饰。

值得一提的是，大同九龙壁的龙别具特色，龙爪、鳞片排列、龙尾及飞腾姿势皆不同于北京北海公园、故宫的九龙壁。大同九龙壁的飞龙为四爪，且没有尾鳍，尾部类似蛇的尾巴，龙身鳞片是条形叠加分布，而故宫九龙壁的分布形式更像现实中鱼类的交错分布。此外，大同九龙壁的九条龙均为侧向，而故宫九龙壁中间黄龙为坐龙，这是为了区别代王与皇帝的地位差别，不过这也足见代王在当时的地位。每当朝阳升起，霞光万道，九龙壁涂上了一层耀眼的光辉，万缕金光在龙身上闪耀，龙身抖动，昂首摆尾，盘绕弯曲，在海波上翻腾，在流云中穿行，犹如真龙再现，宛然如生。

九龙壁

方玮德

第一条龙说："我要颜色！"

我交给他金色的鳞甲；

第二条龙说："我要光！"

我又交给它一双珠眼，第三条龙说："我要气！"

我让云霞飞进它的嘴里；

第四条第五条龙要的是冠冕，我吩咐他们戴肉角，挂上须鬣；

第六条龙要声音，第七条龙要夭矫，我一齐交给它们，怒吟和惊啸；

第八条龙问它们的巢穴，我定好大海洋，深山，大湖泊；

第九条龙走过来——像一阵风——"让我们一起飞吧，飞上天庭，南茜，交给我你的灵魂，交给我你的心！"

■■ 解读 ■■

方玮德（1908—1935），安徽桐城人，新月派后期颇有影响力的青年诗人。青年时期在《新月》《文艺》《诗刊》等刊物发表诗作，受到闻一多、徐志摩的赞赏。诗人的这首诗歌赋予龙人的思想与情感，颇色、光、气、海洋、深山、天庭等意象别开生面，诗人的情感蓬勃而出，读起来妙趣横生！

九龙壁雕刻艺术在中国古代传统文化中有着重要的象征意义和地位，为什么会选择"九龙"？其实九龙石雕壁的龙形象数量有时候远远不止九条，但在壁身的主体雕刻上通常是九条，这主要是与"九"这个数字在中国的地位有关。从风水文化去看，"九"是最大的阳数，象征着最高的地位和身份，这也是为什么九龙石雕壁在古代只有皇家王室可以用，这象征着"九五至尊"，是皇权身份的彰显。同时，龙是中华民族的象征，作为龙的传人，九龙壁也很好地彰显了我们中华民族的气节和精神，展现了民族风采。

扩展 | KUOZHAN

◆九龙壁的传说

朱元璋建立了明朝之后，为巩固江山，便把儿子们封到全国各地去为王。朱桂是朱元璋的第十三子，被分封到大同当代王。朱桂从小顽皮，不读诗书，不学无术，可以说是无才无能。当上代王后，平日里习惯胡作非为，专横跋扈，弄得当地百姓人心惶惶，民不聊生，人们称他为"愣怔代王"。朱桂一开始并不想到大同，朱元璋答应他只要到大同就任代王，并且为他修建一座宫殿。于是，朱桂刚到大同就开始大兴土木，修建代王府，规模规格近似皇宫，代王府建成后，朱桂又决定在王府门前建一座五彩琉璃龙壁。

经过工匠们的日夜赶工，九龙壁终于建成。竣工那天，朱桂带领王妃以及文武官员一众人观赏龙壁。只见龙壁雄伟壮观，五彩琉璃辉煌夺目，壁上的九条龙腾云驾雾，盘曲回绕，搏浪戏珠。朱桂一边喝着酒一边观赏，心中的喜悦溢于言表："好！这龙壁好！这是本朝第一龙壁！"话音刚落，只见天空乌云翻滚，狂风大作。顿时，倾盆大雨从天而降。代王惊慌失措，连忙命人燃灯照明。忽然间，闪电劈开乌云，雷鸣不止，代王朱桂闻听雷声浑身颤抖，失手打碎酒杯，眼前一片昏暗。原来是九龙壁中的九条龙栩栩如生，竟然引来了天上的真龙。不一会儿，兵士来报：刚才的闪电在龙壁后边的金泊仓街击出两眼水井，一口水井的水为甜水，一口水井的水为苦水。另一个兵士则报告说：九龙壁前面被雷火击出一个大坑，往外涌水。代王朱桂急忙命人将水坑砌建，中间建一石桥，这就是现在的"倒影池"。大同民间至今还流传着民间谚语："金泊仓，两眼井，一眼苦来一眼甜。"

03 朔州

应县木塔　广武城　杀虎口

右玉苍头河生态走廊

金沙滩生态旅游区

李林烈士陵园

应县木塔

简介 | JIANJIE

　　释迦塔全称佛宫寺释迦塔,位于山西省朔州市应县城西北佛宫寺内,俗称应县木塔,是中国现存最高最古的一座木构塔式建筑,塔高67.31米,底层直径30.27米,平面呈八角形。全塔耗材红松木料约3000立方米,2600多吨,纯木结构、无钉无铆。应县木塔与意大利的比萨斜塔、巴黎的埃菲尔铁塔并称"世界三大奇塔"。

　　应县木塔的奇特之处并不只在于年代的久远,其建筑艺术更是令人叹为观止。与欧洲的传统建筑主要取材于石料不同,中国的传统建筑是纯木结构。在中国数千年的发展历史中,木构建筑由于极易受损,保存下来的并不多,在这并不多的木构遗存中,应县木塔虽然并不是最古老的建筑,却是结构最复杂、最高、最完整的建筑,单单斗拱的类型就达54种之多,可谓空前绝后。

应县木塔建于辽清宁二年（1056年），至今已有900多年历史，历经风雨侵蚀，但木塔安然无恙。据记载，辽、金以来，当地历经7次大地震，其中最厉害的是元代顺帝时的大地震，地震连续七天，木塔巍然屹立不动，足见塔身的质地坚固。木塔全身没有一个铁钉，全靠斗拱梁架把所有木构件结合成一个完整的、稳固的整体，这在我国建筑史上可谓奇迹。木塔内最引人注目的是底层高达11米的释迦牟尼坐像。这尊佛像形体丰盈饱满，神态端庄慈祥，保持了辽塑风格。攀登木塔至最高处，凭栏眺望，远处翠微山、雁门山尽收眼底，云天与大地汇于一处，苍茫无垠，使人胸襟顿开。

这座坐落在塞北小城应县的木塔，一千年始终坚持着矗立不倒，沧海桑田，历久弥新，它的巍峨、它的神奇、它的壮观早已超越了时光，惊艳了古今。

引文 | YINWEN

山西通信
林徽因

居然到了山西，天是透明的蓝，白云更流动得使人可以忘记很多的事，单单在一点什么感情底下，打滴溜转；更不用说到那山山水水，小堡垒，村落，反映着夕阳的一角庙，一座塔！景物是美得到处使人心慌心痛。

我是没有出过门的，没有动身之前不容易动，走出来之后却就不知道如何流落才好。旬日来眼看去的都是图画，日子都是可以歌唱的古事。黑夜里在山场里看河南来到山西的匠人，围住一个大红炉子打铁，火华和铿锵的声响，散到四团黑影里去。微月中步行寻到田垄废庙，划一根"取灯"偷偷照看那瞭望观音的脸，一片平静。几百年来，没有动过感情的，在那一闪光底下，倒像挂上一缕笑意。

我们因为探访古迹走了许多路，在种种情形之下感慨到古今兴废。在草丛里读碑碣，在砖堆中间偶然碰到菩萨的一双手一个微笑，都是可以激动起一些不平常的感觉来的。乡村的各种浪漫的位置，秀丽天真；中间人物维持着老老实实的鲜艳颜色，老的扶着拐杖，小的赤着胸背，沿路上点缀的，尽是他们明亮的眼睛和笑脸。由北平城里来的我们，东看看，西走走，夕阳背在背上，真和掉在另一个世界里一样！云块、天，和我们之间似乎失掉了一切障碍。我乐时就高兴地笑，笑声一直散到对河对山，说不定哪一个林子，哪一个村落里去！我感觉到一种平坦，竟许是辽阔，和地面恰恰平行着舒展开来，感觉的最边沿的边沿，和大地的边沿，永远赛着向前伸……

我不会说，说起来也只是一片疯话，人家不耐烦听。以我描写一些实际情形，我又不大会。总而言之，远地里，一片田庙，有人在工

作，上面青的，黄的，紫的，分行的长着；每一处山坡上，有人在走路，放羊，迎着阳光，背着阳光，投射着转动的光影；每一个小城，前面站着城楼，旁边睡着小庙，那里又托出一座石塔，神和人，都服帖的，满足的，守着他们那一角天地，近地里，则更有的是热闹，一条街里站满了人，孩子头上梳着三个小辫子的，四个小辫子的，乃至于五六个小辫子的，衣服简单到只剩一个红兜肚，上面隐约也绣有她嬷嬷挑的两三朵华！

娘娘庙前面树荫底下，你又能阻止谁来看热闹？教书先生出来了，军队里兵卒拉着马过来了，几个女人娇羞的手拉着手，也扭着来站在一边，小孩子争着挤，看我们照相，拉皮尺量平面，教书先生帮忙我们拓碑文。说起来这个那个庙，都是年代可多了，什么时候盖的，谁也说不清！说话之人来得太多，我们工作实在发生困难了，可是我们大家都顶高兴的，小孩子一边抱着饭碗吃饭，一边睁着大眼看，一点子也不松懈。

我们走时总是一村子的人来送的，儿媳妇指着说给老婆婆听，小孩们跑着还要跟上

一段路。开栅镇，小相村，大相村，哪一处不是一样的热闹，看到北齐天保三年造像碑，我们不小心的，漏出一个惊异的叫喊，他们乡里弯着背的，老点儿的人，就也露出一个得意的微笑，知道他们村里的宝贝，居然吓着这古怪的来客了。"年代多了吧？"他们骄傲的问。"多了多了。"我们高兴地回答，"差不多一千四百年了。""呀，一千四百年！"我们便一齐骄傲起来。

我们看看这里金元重修的，那里明季重修的殿宇，讨论那式样做法的特异处，塑像神气，天就渐渐黑下来，嘴里觉到渴，肚里觉到饿，才记起一天的日子圆圆整整的就快结束了。回来躺在床上，绮丽鲜明的印象仍然挂在眼睛前边，引导着种种适意的梦，同时晚饭上所吃的菜蔬果子，便给养充实着我们明天的精力，直到一大颗太阳，红红的照在我们的脸上。

■■解读■■

林徽因(1904-1955)，中国著名女建筑师、诗人和作家。从1930年到1945年，梁思成、林徽因夫妇二人共同走遍了中国的大

部分地方,考察测绘了二千余处古建筑物,使得那些寂寂无名的古建筑重新得到了全国乃至世界的认识,从此得到保护。1937年,林徽因创作了《山西通信》,这也是作者一生中最后的黄金年代。

受新月派和英国现代文学的影响,《山西通信》传承了作者一如既往恬静、飘逸、清丽、婉约的风格。

扩展 ｜ KUOZHAN

◆豌豆粥

选用当地优质豌豆精制而成,内含蛋白质、粗纤维,人体必需的八种氨基酸含量丰富。

◆羊拐弯

朔州的一道汉族风味小吃。做法很多,有的是直接用高汤熬,也有的是烤,一般是先炸后炖,吃起来有一种蒙古烤全羊的味道。

◆烫面饺子

蒸饺一般用烫面来做,烫面就是用沸水约65℃至100℃的水和面,边加水边搅拌,待稍凉后糅合成团,利用沸水将面筋烫软,及部分的淀粉烫熟膨化。

◆应县凉粉

山西朔州特产和应县特产,用马铃薯淀粉制成的,是当地别具风味的一种小食。

◆冻兔肉

易消化,营养丰富,味鲜肉嫩,颇受消费者青睐。兔肉经过天然的冷冻,肉质发生了细微的变化,口感更佳。营养价值也越来越高。

广武城

简介 | JIANJIE

　　在边塞雄关雁门关外的勾注山下，保存有新、旧广武两座古城，两城相距两公里，互为犄角，如二虎把门，与明长城浑然一体，构成了一道坚固的防线。

　　旧广武城南望内长城，北邻汉代阴馆故城，东靠广武新城，西接辽代雁门关遗址。创建于辽代，初为黏土夯筑，明洪武七年（1374）开始包城砖，其后又经过补葺修缮。旧广武城曾是雁门关外的前哨据点，用于屯兵驻守。城池现在保存较为完好，城郭、箭楼、马面等军事设施一应俱全，虽然历经千百年沧桑变幻，仍然不失当年的雄伟壮观。

　　新广武城位于雁门关外三公里处。依山建造，一半坐落在半山坡，一半修在山前平川，月梯为关前哨防卫据点。城池设有东关、南关、大小北关四通关门。大北关门有石碑刻有"三晋雄关"字样，城内由瓮城、中城、南瓮城三道防线组成。中城状如簸箕，南瓮城则形似斗状，故有"金斗银簸箕"之称，意思是城防坚固，固若金汤。

在现在的山阴县境内，依然保存有十公里的明代长城，与广武城一起诉说着历史的风云变幻。今天的广武城依山傍险，雄踞雁门关之外，扼守勾注山之喉咙，锁住中原的北大门，历来为兵家必争之地。新旧广武城与雁门关唇齿相依，再加上横亘在广武南山宛如飞龙的明长城，共同构成雁门关的设防体系。宋辽以来，北方不时南犯，必前攻广武，后图雁门，这里成为汉民族与北方少数民族发生战争的重要决伐之地。杨家将的故事家喻户晓，世代传颂，杨六郎与辽兵大战于广武城，杨业在雁门关外驰骋疆场，为宋王朝立下赫赫战功。从辽代建旧城明代筑新城，直到清时广武城才彻底结束了它的军事使命，完成了由屯兵据点向商旅驿站的转变。

引文 | YINWEN

饮马长城窟行

[唐]李世民

塞外悲风切，交河冰已结。
瀚海百重波，阴山千里雪。
迥戍危烽火，层峦引高节。
悠悠卷斾旌，饮马出长城。
寒沙连骑迹，朔吹断边声。
胡尘清玉塞，羌笛韵金钲。
绝漠干戈戢，车徒振原隰。
都尉反龙堆，将军旋马邑。
扬麾氛雾静，纪石功名立。
荒裔一戎衣，云台凯歌入。

■■解读■■

唐太宗李世民，其名字的意思是"济世安民"。陇西成纪人，祖籍赵郡隆庆，政治家、军事家。即位为帝后，李世民积极地听取群臣的意见、努力学习文治天下，是中国史上最出名的政治家与明君之一。唐太宗李世民的文治武功是封建帝王中最为人称道者。他勤于文学创作，逐渐形成了秀丽勃发、沉渊明丽、高亢爽朗的文风。

在这首诗中，诗人描写了边疆的苍茫、旷远之景。诗中所表现的塞外悲壮之景，出征奋然之情，立功慷慨之意，在此后的陈子昂、高适、王昌龄、李白等人所创作的边塞诗中屡有表现，多方阐发。因而，此诗堪称唐代边塞诗的滥觞之作，有启迪一代文风的重大意义。

"塞外悲风切，交河冰已结。"塞外寒风悲鸣，十分凄切，交河上，严冰封冻了河道。诗中所描写的悲壮之景当是诗人亲眼所见，想必此诗亦是濡笔马上而作。"瀚海百重波，阴山千里雪。"广袤的沙漠上沙丘连绵不断，阴山上则千里雪覆。此联进一步写塞外之景，壮阔迷茫，渲染了一种壮烈豪迈之情。其眼光，其气度，真有指点江山，总揽寰宇之势。

"迥戍危烽火，层峦引高节。"烽火中传来了远方的紧急军情，"我"挥兵远赴边疆，一路上层叠的山峦引导着军队的旗帜。此二句点明为救边而出征，军队沿着山路前行，仿佛是山引领着队伍，意即此战很得天时，必将获胜。"悠悠卷旆旌，饮马出长城。"风儿轻轻地吹起旗帜，我们挥师出长城而饮水放马。自秦以来，长城一直是重要的守御工事，诗人敢为前人所不敢为，兵出长城，争雄天下，其傲视寰宇的胸怀确实令后人追慕不已。这两句点明了题中驰骋宇内，以天下为牧场之意。

"寒沙连骑迹，朔吹断边声。"寒冷的沙漠上，骑兵过处，迹印连绵；凛冽的北风阻隔了边塞的嘈杂之声，这是写进军途中所遇到的艰难险阻。"胡尘清玉塞，羌笛韵金钲。"玉门关一带，胡人入侵的嚣尘已经消失，羌人们正吹着笛子，敲着金锣，载歌载舞。大军所指，蛮夷慑服，边境一带很快呈现出一片祥和、安宁的和平气象。并非倚仗武力，更多的是以德感召，所以使羌人载歌载舞心悦诚服。

"绝漠干戈戢，车徒振原隰。"大漠之上，武器收藏，车仗过处，原野为之震动。平夷战祸后，军队凯旋，所到之处，群情振奋。"都尉反龙堆，将军旋马邑。"都尉从龙堆返回，将军们从马邑凯旋。这两句诗互文见义，称述得胜还朝，所用地名都是边塞一带，给人以真实感，此后的边塞诗也常用这种手法，罗列多个边关地名，虽然这些地区往往与诗中的事件并无关联，而且地名之间常常不具有确定的逻辑关系。

"扬麾氛雾静，纪石功名立。"旗帜飘扬、云雾弥漫的氛围因之消歇，将士们功勋卓著，应该把他们的功绩刻在石头上，永远流传后世。这里运用了象征手法，唐军旗帜鲜明地出战，这是对将士们的陈述，也是勉励将士们努力作战以名垂千古，同时也是自勉。"荒裔一戎衣，云台凯歌入。"边远荒凉之地只需一介之士戍守，朝廷中已有凯歌高奏。大唐王朝，威镇四夷，只需很少的守兵，就可以保证国家的长治久安。

整首诗歌立意高远，言辞从容，层次分明，音韵优美，达到了艺术手段与个中立意的高度统一，一扫六朝以来的绮靡和宫廷诗的艳丽，堪称唐诗的辟荒之作。

◆广武传说

广武位于山阴县城南,山阴县位于朔州市中南部内长城的雁门关外,属黄土高原地带。山阴文化底蕴深厚,在广武这片古老的土地上,经过漫长的历史孕育,发生了许多壮阔的历史事件,并涌现出一批批悲壮动人的历史人物,关于他们的故事至今在民间仍在大量流传,诉说着民众独特的文化记忆。人物类传说包括"刘邦广武押刘敬""杨业四出雁门关""六郎点三军""光武帝续建长城""程不识率军驻北陲""毛主席路过广武"等;风物类传说包括"新广武传说旧广武传说""马厩变城池章宗帝巧建三门城"等;军事类传说包括"李广屈死埋汉墓""卫青广武败匈奴""汉武帝雁门整军容""杨业大战契丹"等;神话类包括"晋景公巧捉狐狸""六郎城夜闻马嘶声"等。这些传说都传达出了强烈的爱国主义精神,也是研究山阴经济、文化和历史渊源的重要史料。

◆踢鼓秧歌

踢鼓秧歌是流传在山西朔州地区的汉族民间舞蹈,尤以朔城区、平鲁区最盛行,流传最广。相传,宋朝梁山伯英雄中有一人被官府抓获,后被梁山弟兄乔装进城,劫狱救出。为纪念这一事,以后每逢元宵节,群众便扮成梁山英雄人物,敲锣打鼓,载歌载舞,进行庆祝。年复一年,逐渐形成了踢鼓秧歌舞蹈。踢鼓秧歌男角扮相是杨雄、宋江、石秀、武松、林冲、阮家三兄弟等梁山英雄人物。多年来,每逢元宵节,民间艺人自行组成演出班,进行演出。一般在街头、广场、院落表演,故又称土摊秧歌。踢鼓秧歌以其粗犷、刚劲、稳健、风趣的艺术特点,博得广大群众的喜爱。

杀虎口

　　杀虎口位于山西省朔州市右玉县境内晋蒙两省（区）交界处，北倚古长城，西临苍头河。作为一代雄关，闻名遐迩，已有两千多年的历史。杀虎口是历史上的重要税卡，作为中原与蒙古、新疆、俄国贸易的必经之路，明清时期，杀虎口成为晋商的发源地和主通道，尤其是清朝时发展到极盛，关税曾经日进"斗金斗银"，曾经盛极一时的"大盛魁"商号的发祥地就在这里。人们常说的"走西口"中的西口，即是杀虎口。正所谓"东有张家口，西有杀虎口"。作为古代的军事要塞和边贸重镇，杀虎口有较高的知名度和丰富的历史文化遗存。"走西口"不仅承载着晋商的光荣与梦想、成长与艰辛，更是铭写了西口移民谋生的血泪悲情。

　　杀虎口是雁北外长城最重要的关隘之一。早在战国时期，赵国就派重兵驻守雁门一带，著名大将李牧曾多次在这里阻击匈奴的进犯。汉代大将李广、卫青、霍去病也曾从这里挺进大漠，驰骋疆场。明朝时期，杀虎口被称为"杀胡口"。因为当时的鞑靼、瓦剌等部落南侵长城，多次以此口为突破点，而明朝派兵出长城作战，也多由此口出入。清朝统治者对蒙古采取怀柔政策，将"胡"字改为"虎"字。由此杀虎口之名便沿用至今。当地政府大力挖掘杀虎口文化，使杀虎口这一晋商的西口、人文的西口、军事的西口与深厚的西口文化内涵结合起来，在发展地域特色旅游的同时，让游客感受到西口古关的深厚文化积淀。

　　今日的杀虎口风景名胜区可以用"久、富、美"来简要概括。所谓"久"，是指其历史悠久。杀虎口作为一个历经千年的古关隘，从春秋战国时期的"参合陉"，到隋唐时的"白狼关"，真实地记录了汉伐匈奴、唐战突厥、宋驱契丹、明御元蒙等数千年的金戈铁马、烽火狼烟。清代以后，又成为中国北方著名的边贸重镇，走西口的重要通道。所谓"富"，是说指风景名胜资源丰富。全区境内古迹众多，景点遍布。如杀虎堡遗址、西口古道、杀虎口博物馆、古长城，等等。所谓"美"，是指其自然环境美。区内水草丰美，沙棘遍布，形成了独特的山形地貌景观、水文景观、森林植被景观和古树景观以及人文景观，给人以极好的视觉感受和心灵享受。

　　站在杀虎口关隘上，眺望长城内外，古长城蜿蜒逶迤，烽火台巍然屹立，远山连绵不绝，晋商豪贾从这里走向成功……杀虎口，坐拥千年风流。

吊古战场文

[唐] 李华

浩浩乎,平沙无垠,夐不见人。河水萦带,群山纠纷。黯兮惨悴,风悲日曛。蓬断草枯,凛若霜晨。鸟飞不下,兽铤亡群。亭长告余曰:"此古战场也,常覆三军。往往鬼哭,天阴则闻。"

伤心哉!秦欤汉欤,将近代欤?吾闻夫齐魏徭戍,荆韩召募。万里奔走,连年暴露。沙草晨牧,河冰夜渡。地阔天长,不知归路。寄身锋刃,腷臆谁愬?秦汉而还,多事四夷,中州耗斁,无世无之。古称戎夏,不抗王师。文教失宣,武臣用奇。奇兵有异于仁义,王道迂阔而莫为。呜呼噫嘻!

吾想夫北风振漠,胡兵伺便。主将骄敌,期门受战。野竖旄旗,川回组练。法重心骇,威尊命贱。利镞穿骨,惊沙入面,主客相搏,山川震眩。声析江河,势崩雷电。至若穷阴凝闭,凛冽海隅,积雪没胫,坚冰在须。鸷鸟

休巢，征马踟蹰。缯纩无温，堕指裂肤。当此苦寒，天假强胡，凭陵杀气，以相剪屠。径截辎重，横攻士卒。都尉新降，将军复没。尸踣巨港之岸，血满长城之窟。无贵无贱，同为枯骨。可胜言哉！鼓衰兮力竭，矢尽兮弦绝，白刃交兮宝刀折，两军蹙兮生死决。降矣哉，终身夷狄；战矣哉，暴骨沙砾。鸟无声兮山寂寂，夜正长兮风淅淅。魂魄结兮天沉沉，鬼神聚兮云幂幂。日光寒兮草短，月色苦兮霜白。伤心惨目，有如是耶！

　　吾闻之：牧用赵卒，大破林胡，开地千里，遁逃匈奴。汉倾天下，财殚力痡。任人而已，岂在多乎！周逐猃狁，北至太原。既城朔方，全师而还。饮至策勋，和乐且闲。穆穆棣棣，君臣之间。秦起长城，竟海为关。荼毒生民，万里朱殷。汉击匈奴，虽得阴山，枕骸遍野，功不补患。

　　苍苍蒸民，谁无父母？提携捧负，畏其不寿。谁无兄弟？如足如手。谁无夫妇？如宾如友。生也何恩，杀之何咎？其存其没，家莫闻知。人或有言，将信将疑。悁悁心目，寤寐见之。布奠倾觞，哭望天涯。天地为愁，草木凄悲。吊祭不至，精魂无依。必有凶年，人其流离。呜呼噫嘻！时耶命耶？从古如斯！为之奈

何? 守在四夷。

《吊古战场文》是唐代文学家李华创作的诗文,出自《全唐文》。文章首先回顾了历史上战争的悲惨场面,描述了古战场荒凉凄惨的景象,揭示了战争的残酷以及给人民造成的灾难,指出必须推行仁政才能制止战争,表达了作者渴望和平的善良愿望以及对人民尤其是对战士的无限同情。

开篇描写古战场阴森悲凉的气象,叙说古战场"常覆三军"的历史和天阴鬼哭的惨状,增强了文章的可信性与感染力。再以"伤心哉"的慨叹,倾吐深沉的吊古之情,给全篇笼罩上一层愁惨黯淡的感情色彩。第二段写士卒远戍的艰苦和秦汉以来"多事四夷"的原因。第三段描摹两军厮杀的激烈、悲惨的情状,是全篇的主体。第四段以"吾闻之"领起,采用历代战争对比的方法,说明战争胜败的关键。第五段通过"吊祭"的场面,进一步对造成"蒸民"骨肉离散的战争作了血泪控诉。"苍苍蒸民,谁无父母"几句,作者用铺排的句式,反诘的语气,对"开边意未已"的统治者发出了"苍苍蒸民""杀之何咎"的质问。

扩展 | KUOZHAN

◆荞面圪坨

右玉县属于温带大陆性季风气候,因其独特的气候、地理、环境条件,被确定为小杂粮基地建设县,适合种植荞麦。和荞面时,用手使劲揉、捶、捏、轧。要和到三光,即面光、手光、盆光为止。捏圪坨时,两手对撑侧推荞面,形成猫状的面片。煮入锅中,三分钟即熟。

◆右玉熏鸡

右玉熏鸡选取右玉边鸡为主料,宰杀洗净后,配以精盐、大料、酱油、花椒、小茴香、老汤等,用大火将锅烧沸,撇去浮沫,再改用小火焖煮至熟烂出锅,再将鸡放入熏锅内,用半燃的锯末烟熏烤20分钟即可。成品色泽红艳,食之肉质细嫩,味道鲜美。

◆右玉炖羊肉

右玉羊肉以质量上乘享誉整个山西,最适合炖着吃,将刚宰杀的羊肉切成块状,加适量的盐和水,盖锅盖儿炖一小时左右即可食用。食之酥烂香浓，肥而不腻，是冬天的佳肴。

◆右玉稍卖

以其顶口捏花如梅而得名，皮要碾得精薄，馅要香浓，捏得下如银瓶，口如梅花，蒸熟后便可食用。皮薄、馅嫩、味鲜，形状像梅花，是右玉传统待客面点。

◆右玉糖饼

右玉糖饼是右玉人相传已久的待客食品。其制作方法是将小麦面粉、胡麻油、苏打适量，用七八成热的水和好。再用胡麻油和白面粉、糖拆成酥。把和好的面制成剂，擀成薄饼，包入酥，再擀成大约1厘米多厚的饼，上慢火烤炙，味道酥脆甜香。

◆右玉沙棘汁

沙棘原料经过科学配方精制而成的沙棘汁，具有消食、健胃、清肺止咳、安神降压、解除疲劳、促进新陈代谢等功效。右玉县生产的沙棘果汁以新鲜的野生沙棘果为原料，采用先进的生榨技术和科学的配比精制而成。充分地保留了沙棘果中含有的多种维生素，是一款口味绝佳的饮料和滋补饮品。

右玉苍头河生态走廊

苍头河是右玉县的母亲河，发源于朔州市平鲁城北郭家窑，在燕家堡流入右玉县境内。向北流经杀虎口出右玉县境，入内蒙古，再向西流入黄河，古名中陵川水，又名兔毛河。现在的苍头河生态走廊是右玉县生态旅游开发项目的核心景区，也是北方黄土高原罕见的自然湿地景观。

"山无头，水倒流"，人们称此为右玉县的两大奇观。由于中国西高东低，北高南低的地形特点，河流的流向也都是从西到东，从北到南，而朔州市右玉县的苍头河，不像其他河流那样东流或南流，而是向北流，流经内蒙古入洪河，又转向流入黄河。苍头河独特的流向，使其名声大振而远近知晓。

沿着虎山线向北行进，有一片"林草茫茫、流水潺潺"的狭长地带，便是苍头河生

态走廊。苍头河生态走廊属高原湿地，是一条浸染着芳草气息的河流，茂盛的植被仿佛一张绿色的柔软床垫，将点缀其中的苍头河拥入怀中。阳光斜射，河面上就像是铺了一层金子，风吹起来，芦苇摇曳，跃动的水面更是宛如繁星一般。景区内天然的水系、河岸草地、灌木乔木林带和缓坡状态的农田，一幅北方黄土高原罕见的田园景观。景区内鸡、兔、鹧鸪、狍子、黄羊、狐狸、獾子时隐时现，是露营、传统农业生态观光、生态湿地观光的绝佳去处，也是人们休闲避暑的好地方，因此素有"塞上江南"的美誉。"塞上江南，右玉归来"，如今的苍头河宛如一块璀璨的璞玉，静谧而安详。

引文│YINWEN

雁门胡人歌

[唐代]崔颢

高山代郡东接燕，雁门胡人家近边。
解放胡鹰逐塞鸟，能将代马猎秋田。
山头野火寒多烧，雨里孤峰湿作烟。
闻道辽西无斗战，时时醉向酒家眠。

■■解读■■

崔颢（704—754），唐代诗人。唐开元年间进士，官至太仆寺丞，天宝中为司勋员外郎。最为人称道的是诗作《黄鹤楼》，据说李白为之搁笔，曾有"眼前有景道不得，崔颢题诗在上头"的赞叹。《雁门胡人歌》这首诗反映了边塞胡人的日常生活。

首联"高山代郡东接燕，雁门胡人家近边"，交代了雁门郡的地理环境和当地胡人的分布。颔联生动地描写了雁门胡人日常的狩猎生活："解放胡鹰逐塞鸟，能将代马猎秋田。"这两句中"胡鹰""塞鸟""代马"三个意象，都是在动物前冠以一个有着边塞特征的修饰词，突出其地域特点，十分有

特色。从对胡人放鹰捕鸟、骑马游猎的生活描写中，读者能够真切地感受到一种富有民族特色的生活气息，令人耳目一新，仿佛看到了一幅"天苍苍，野茫茫，风吹草低见牛羊"的边塞风光。颈联生动地刻画了边地的自然景象："山头野火寒多烧，雨里孤峰湿作烟。"这两句描绘了"野火烧山"和"雨湿孤峰"两幅画面，意象或浓或淡，或辽阔生动或静谧苍茫，而且十分富有季节和地域特征。"寒"与"火"、"湿"与"烟"相反相成，互相烘托，趣在其中。另外，山头野火和烟雾颇似战争中的烽火，这对于饱受战争之苦的人们来说，很容易联想到战争，行文上自然地引起下文。尾联"闻道辽西无斗战，时时醉向酒家眠"两句写饱受战争蹂躏的人们渴望和平，并在和平的环境中尽情享受着宁静生活的情景。

这首诗独具匠心，别开生面，生动形象地描摹了胡人的生活状态，写出了边地少数民族好勇尚武、粗犷豪迈的精神面貌。秋日出猎、山头野烧的塞北景色以及胡人在和

平时期从容醉酒的风习，极其新颖别致。诗中先写胡人的日常生活，然后写了一个小插曲，即误将野火雨雾当作烽烟而最终释然。

在诗人笔下，胡人与汉人一样，同样厌恶战争，同样富有人情味，赋予此诗以深刻的反战主题。

扩展 | KUOZHAN

◆右玉道情

右玉道情是传统戏曲剧种，是晋北道情三大流派之一，属于我国俗曲道情的一个分支。道情泛指流行于山西北部道情系统的剧种。在神池、五寨一带的也叫"神池道情"，在左云、右玉一带的叫"左云道情"或"右玉道情"。它以通俗易懂的唱词、优美动听的曲调、诙谐幽默的道白、取材广泛的剧目、别具一格的风格，"道"尽人间沧桑情，深受广大观众喜欢，音乐兼用［山坡羊］［油葫芦］等曲牌以及七字句、十字句的板腔，伴奏以渔鼓、简板、笛子、四胡为主。 传统剧目有《湘子传》《李翠莲》等，大都带有较多宗教色彩。2006年，经文化部批准被列入第一批国家级非物质文化遗产名录。

◆赛戏

赛戏是一种曾流传于山西、河北、内蒙古、陕西的古老剧种，是融民间祭祀与地方戏曲于一体的、具有浓郁边塞地方特色的传统文艺形式。赛戏形成于宋金时期，由于其历史久远，在戏曲界有"活化石"之称。赛戏的表演来源于周之"乡傩"、汉之"象人"、唐之"大面"，曾是一种流传广泛的传统宗教祭祀表演艺术。赛戏有固定的台口、日期、剧目。赛日即祭神日期，赛台又称赛坛，专门用来演出赛戏。农村多数地方没有专用赛台，赛戏一般在龙王庙、水圣堂或当地认为神威显灵的其他庙台演出。演出的固定剧目是《调鬼》和《斩旱魃》。赛戏表演较为粗犷、原始。

◆怀仁旺火

垒旺火是晋北地区久负盛名的一种风俗习惯，其中怀仁旺火为最。怀仁旺火具有四大特点，一是选煤精良；二是造型美观，由高明的师傅将旺火垒成底小、肚大、顶尖、内空的宝瓶形状，只有这样，才能做到燃烧净尽而旺火不塌；三是逐年增高。为了达到一年胜似一年之寓意，要求垒砌旺火时，每年都比前一年增高一些，具体增高的尺寸大小，则由主人心中的期望而定；四是规模庞大，一年比一年大。每逢元宵佳节华灯初上, 旺火全部点燃之后, 只见红红的火苗从大大小小的孔洞中喷涌而出, 红光耀眼、热气蒸腾, 恰似一条条吞云吐火的飞龙, 吐出长长的火舌, 直指大地苍穹, 灿烂辉煌, 蔚为壮观。怀仁旺火寄寓了劳动人民对美好生活的期盼、向往和追求。

金沙滩生态旅游区

简介 | JIANJIE

金沙滩生态旅游区位于怀仁城西20公里处，整个生态旅游区是一个集生态旅游、历史文化、佛教、休闲度假为一体的旅游景区。旅游区内百里苍翠、万顷碧波、清流似带、鸟语花香。以金沙滩"杨家将"的故事为特色，建设了以宋辽交战和崇国寺佛教文化为主题的园林建筑群，掩映于莽莽林海之中，以林海为躯，古战场为魂，达到了绿化与美化结合，造林与造景协调，生态与人文配套。

在景区的西部有仁和殿、点将台、八卦阵、天门阵、钟鼓楼、帅帐等游览景点，气势雄浑，壮观巍峨。景区内筑有两条彩绘长廊，长度为365米，寓意一年通顺，四季平安，其长度居世界第二，仅次于颐和园长廊。景区的北部有崇国寺，为新建寺院。寺院规模宏大，由山门、天王殿、文殊殿、大雄宝殿、钟楼和东西配殿组成。

金沙滩历来是由雁门关到平城（大同）的咽喉要道，东扼金城（应县），南控马邑（朔州），历史上是兵家必争之地。金沙滩曾经是赵武灵王登黄华之地而望的所在，也是北齐主高洋全歼柔然主力之地、唐将黑齿常之大败突厥的阵地，也是晋王李克用设伏击溃吐谷浑的绝境，更是当年宋辽大战的古战场，至今仍深深地铭刻着杨氏一门的忠烈千秋。在金沙滩，有数十个地名与杨家将大战金沙滩的故事有关。

今天的金沙滩，百里苍翠，恢宏的建筑景观与园林艺术，以及独特的人文特色与生态景观，吸引了众多的游客，置身生态旅游区，既能领略到自然风光的清幽旖旎，又能感受到历史文化的浑厚凝重。金沙滩生态旅游区已经成为晋北旅游网络中一颗璀璨的明珠。

引文 | YINWEN

杨无敌庙
［宋］刘敞

西流不返日滔滔，陇上犹歌七尺刀，
恸哭应知贾谊意，世人生死两鸿毛。

和仲巽过古北口杨无敌庙
［宋］苏颂

汉家飞将领熊罴，死战燕山护我师。
威信仇方名不灭，至今奚虏奉遗祠。

■■解读■■

刘敞（1019—1068），北宋史学家、经学家、散文家。刘敞学识渊博，与弟刘攽合称为北宋二刘，著有《公是集》。

苏颂（1020—1101），泉州同安人，徙居丹阳，仁宗庆历二年进士，著有《苏魏公集》《新仪象法要》《本草图经》。

杨业是并州太原（今山西太原）人。年少时英勇倜傥，善于骑射，喜欢打猎，所获猎物常常是同伴的数倍。他二十岁时事奉刘崇，被任为保卫指挥使，以骁勇闻于当时。被升迁为建雄军节度使，又屡立战功，所向披靡，因此被称为"无敌"。

杨家将是一部英雄传奇系列故事，对北宋前期的杨业、杨延昭、杨文广等人的事迹进行演绎，讲述了杨家四代人戍守北疆、精忠报国的动人事迹。

至今，杨家将血战金沙滩，兵困两狼山，父子九人同去一人回的故事仍然广泛流传。

扩展 | KUOZHAN

◆朔州名将

山西朔州地处要塞，自古名人辈出，特别是骁勇善战的武将不计其数。

张辽（169年—222年），字文远，雁门马邑（今山西朔州市）人。汉末三国时期曹魏名将聂壹的后人。起初担任雁门郡吏，先后跟随丁原、何进、董卓、吕布四处征战。吕布败亡后，张辽归属曹操。此后，立下众多显赫的功勋。建安二十年（215年）合肥之战，张辽率领八百将士冲击东吴十万大军，一直冲杀到孙权的主帅旗下，令东吴军队披靡溃败、闻风丧胆。经此一役，张辽威震江东。"张辽止啼"成为流传千古的典故。

斛律光（515—572），字明月，高车族，北齐朔州人、出身于将门之家，是北齐著名将领。其父是以军功任北齐左丞相，封为咸阳郡王的斛律金，斛律金曾因在高欢军中唱《敕勒歌》而名扬古今。斛律光少年时即以武艺知名。一次随世宗打猎，一只大鸟在云际飞翔，斛律光引弓射之，正中其颈，大鸟如车轮旋转落地，却原来是一只大雕，

被时人称之为"落雕都督"。斛律光刚直，治军严格，打起仗来身先士卒。在北齐和北周的频繁战争中，他带兵几十年，多次立功，从没有打过败仗，威名远播，北周的将士都很怕他。

尉迟敬德（585年—658年），本名尉迟融，《新唐书》作尉迟恭，字敬德，朔州鄯阳县（今山西省朔州市）（墓志为太安狄那）人，鲜卑族。唐朝开国名将，在历次的战争中立下赫赫战功。武德九年（626年），参加玄武门之变，拜右武侯大将军、吴国公。

周德威，字镇远，小字阳五，朔州马邑（今山西朔州市）人，唐末五代时期晋国名将。周德威早年在河东从军，辅佐李克用、李存勖两代晋王，历任骑督、铁林军使、代州刺史、振武节度使、卢龙节度使等职，领蕃汉马步总管，加检校侍中荣衔。他在梁晋争霸期间屡破梁军，以骁勇著称。后率军攻灭桀燕，镇守幽州，抵御契丹。天佑十五年（918年），李存勖征调诸镇军队，大举伐梁。周德威率幽州军参战，战死于胡柳陂。后唐建立后，追赠太师。

李林烈士陵园

简介 | JIANJIE

　　李林烈士陵园，前身为平鲁县烈士陵园，位于平鲁区井坪镇。地处晋西北黄土高原的平鲁区，北以长城为界与内蒙古接壤，东连右玉，西接偏关，历来是兵家必争之地。这里山陡路险，沟壑纵横，依据特殊的地理环境，抗日战争时期成为著名的革命根据地，有着光荣的革命历史。

　　在这块英雄的土地上，洒满了革命先烈的鲜血。著名抗日民族女英雄、归国华侨李林就壮烈牺牲在这里。李林烈士陵园记载着抗日巾帼英雄李林和其他革命先烈的光辉事迹，陵园内鲜明地矗立着一尊跃马提枪、飒爽英姿的李林塑像。李林是一位骁勇善战的巾帼民族英雄，她以其文武全能，以其丰富的实践，以其壮烈与果敢，高矗于中华民族英雄之林。

李林纪念馆始建于1964年，为了激励后人报效祖国、建设家园，平鲁县分别于1992年、2003年进行了改建和扩建。陵园坐北朝南，规模宏伟，气势壮观，围墙、绿荫环绕。园内建筑有纪念碑、塑像、烈士墓、李林烈士事迹陈列室四个部分。园内陈列室还收藏有三万余字的历史文献和300多幅珍贵历史照片，以及党和国家领导人的题词、李林烈士手稿等珍贵实物，纪念馆还利用声光技术、电子翻书、弧幕投影、幻影成像、电子沙盘、场景复原、场景效果、多媒体触摸屏等高科技手段，展现了李林的光辉事迹和平鲁的革命斗争史。

引文 | YINWEN

沁园春
赵一曼

卫我河山，浴血红颜，百炼成钢。
想珠河铁北，纵横驰骋；
暴风骤雨，白马红枪。
剑阵横眉，刀丛冷对，烈烈英风正气扬！
尤难忘，将红旗高唱，生命华章！
难书母爱慈祥，怎忍见，行行是断肠。
幸故国已复，家园正旺，白山黑水，鸟唱花香。
处处丰碑，英雄回首，无悔人生短亦长。
春风里，代代宁儿正沐阳光。

解读

赵一曼，原名李坤泰。中国共产党党员，抗日民族英雄。1935年，赵一曼担任东北抗日联军第三军二团政委，在与日军的斗争中于1936年被捕就义。赵一曼在慷慨就义之时，留下了对儿子的期盼："母亲对于你没有能尽到教育的责任，实在是遗憾的事情。母亲因为坚决地做了反满抗日的斗争，今天已经到了牺牲的前夕了。希望你，宁儿啊！赶快成人，来安慰你地下的母亲！在你长大成人之后，希望不要忘记你的母亲是为国而牺牲的！"这封遗书感染了无数中华儿女。赵一曼还曾作《滨江抒怀》抒发自己的革命意志。"誓志为人不为家，涉江渡海走天涯。男儿岂是全都好，女子缘何分外差？未惜头颅新故国，甘将热血沃中华。白山黑水除敌寇，笑看旌旗红似花。"赵一曼的这首《沁园春》，与《滨江抒怀》一样，抒发了她为国为民而舍小家的革命情怀，也抒发了她勇往直前的豪气，她虽为女子，却有着和男子一样为国效力、杀敌报国的决心。

扩展 ｜ KUOZHAN

◆红色记忆

李林（1915—1940）福建尤溪县人。幼年侨居印度尼西亚，1929年回国。1936年加入中国共产党外围组织"抗日救亡青年团"，同年加入中国共产党。抗日战争爆发后，坚决要求到前方杀敌。1937年11月，李林任雁北抗日游击队第8支队支队长兼政治主任。1938年春，改任整编后的独立支队骑兵营教导员，率部驰骋雁北、绥南与日伪军作战，屡建战功。后当选为晋绥边区第11行政专员公署委员。1940年4月，在反日伪军"扫荡"战斗中，为掩护机关和群众突围，李林不顾有孕在身，率骑兵连勇猛冲杀，将日伪军引开，自己却被围困于小郭家村荫凉山顶。26日，在腿部和胸部多处负伤后，李林仍英勇抗击。她宁死不屈，用最后一发子弹射进喉部，壮烈牺牲。

李林牺牲后，中共中央对李林的革命生涯给予了高度评价，称她"不仅是女共产党员的光辉模范，而且是全国同胞所敬爱的女英雄"。延安《新中华报》《中国妇女》杂志，重庆《新华日报》等许多革命报纸杂志，登载了李林的英雄事迹，赞颂李林的伟大壮举铸就了中华民族英勇的最光荣典型。李林的一生，短暂却辉煌。她英勇不屈的精神激励着更多的国人奋勇向前。

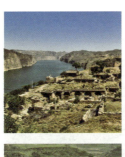

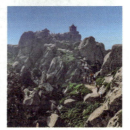

04 忻州

雁门关 五台山

晋察冀军区司令部旧址纪念馆

西河头地道战遗址纪念馆

徐向前故居和纪念馆 偏关老牛湾

芦芽山 汾河源头

元好问墓

雁门关

简介 | JIANJIE

雁门关坐落于代州古城北部勾注山脊。南控中原，北扼漠原，是中国古代关隘规模宏伟的军事防御工程。上古称北陵、西，战国列称九塞之首，南北朝列称北庭三关，明代列称山西内三关。历称勾注塞、西关、西陉关，向以关山雄固，北塞门户著名，是中国长城文化、关隘文化之瑰宝。

《雁门关志》载："勾注山，古称陉岭，岭西为西陉关，岭东为东陉关，两关石头边墙连为一体，历代珠联璧合互为倚防。雁门关明代前址西陉关，东陉关倚防；明代后址东陉关，西陉关倚防。"关于雁门关的来历有两种说法：其一是"雁门山东西两山对峙，其形如门，而蜚雁出于其间，故名雁门关"，其二是"雁门山者，雁飞出其间"而得名，相传每年春来，南雁北飞，口衔芦叶，飞到雁门盘旋半晌，直到叶落方可过关。（《山海经》）。

古雁门关北口为白草口，南口为太和岭口；明雁门关北口为广武口，南口为南口。

雁门关东西两翼分别延伸至繁峙、原平，设十八隘口，整体布防是"两关四口十八隘"。雁门关景区主要分为两大块，分别是古雁门关景区、明雁门关景区。

古雁门关，即铁裹门，前身为北陵、西隃、勾注塞，位于西陉关旧址。西陉关因位于勾注山之西，即陉岭之西而名。现在的雁门关主要景点有关城、雁门寨、古关道、隘口、常胜堡、西陉寨、勾注祠、关城，等等。关城、长城、隘城、兵堡、烽火台等不同等级、不同功能、不同形质的历史建筑遗存，渲染出苍凉、凝重、雄浑、大气的边关特色，展现了这座历史名关的历史作用和兴衰历程，并讲述着三千多年来它所见证的沧桑变迁和风云际会。

雁门关被人们称赞为"万里长城第一关"，扼守着山西北部重要的战略通道，其得失对于中原王朝的存亡至关重要，被当之无愧地誉为"中华第一关"，上迄秦汉，下至明清，太多的故事发生在这里，正所谓"三关冲要无双地，九塞尊崇第一关"。据不完全统计，自公元前10世纪至公元20世纪，发生在这里的战事就有1000多次。"汉高祖北征""昭君出塞""宋钦徽二帝北掳""杨家将镇守三关"等重大历史事件均与此关联。一部雁门关军事史，堪称半部华夏民族重大国防军事篇；一条雁门关商埠路，承载着中原和塞外的和平发展史。所以自古就有"得雁门而得天下，失雁门而失中原"之说，雁门关见证了中华民族几千年的历史。

引文 | YINWEN

雁门太守行

［唐］李贺

黑云压城城欲摧，甲光向日金鳞开。
角声满天秋色里，塞上燕脂凝夜紫。

半卷红旗临易水，霜重鼓寒声不起。
报君黄金台上意，提携玉龙为君死！

■■解读■■

李贺（790—816），唐代诗人，字长吉。其诗长于乐府，多表现政治上不得意的悲

愤。善于熔铸词采，驰骋想象，运用神话传说，创造出新奇瑰丽的诗境，在诗史上独树一帜，著有《昌谷集》。关于此诗的创作背景有两种说法。一种是说创作于公元814年（唐宪宗元和九年），当年唐宪宗以张煦为节度使，领兵前往征讨雁门郡之乱，李贺即兴赋诗鼓舞士气，作成了这首《雁门太守行》。另一种说法据唐张固《幽闲鼓吹》载：李贺把诗卷送给韩愈看，此诗放在卷首，韩愈看后也很欣赏。时在公元807年（元和二年）。

前二两句写围城与突围，以下六句写乘胜追杀，直至兵临易水。"角声满天秋色里"一句以虚写实，展现敌退我追的壮阔场景。"塞上胭脂凝夜紫"中的"夜"字照应第一句中的"日"字，表明从突围至此，已过了较长一段时间，双方均有伤亡。"甲光向日金鳞

开"与上句形成强烈对比，明含欣喜、赞美之情。一会儿黑云压城，适度围逼，一会儿黑云崩溃、红日当空，我军将士的金甲在日光下犹如片片金鳞，耀人眼目。"半卷红旗临易水，霜重鼓寒声不起。"则通过自然条件的不利暗示战争形势的严峻，末尾两句是写主将提剑上阵，誓作殊死战斗以报君恩。

这首诗意象新奇，设色鲜明，想象丰富而奇特。以后两句为例，这两句写主将为报答君主的知遇之恩，誓死决战，却不用概念化语言，而是通过造型、设色，突出主将的外在形象和内心活动。"报君黄金台上意，提携玉龙为君死"一句，一位神采奕奕的主将形象便宛然在目。其不惜为国捐躯的崇高精神，以及君主重用贤才的美德，给读者以强烈而美好的感受。

◆代县麻片

代县麻片在清代颇有名声，并有面铺专营此业，生意兴隆。其片有二寸长，半寸宽，色淡黄，薄如叶，质脆味香，驰誉省内外。闲暇时小食三片五叶，美口止饥，耐人寻味。麻片选料严格，要用上等面粉、去皮芝麻仁、纯麻油或胡麻油、良好的蜂蜜与白糖。其做法是将面拌糖、和油、揉蜜水、擀皮、涂蜜、撒芝麻，然后上锅烘烙。制作精细，遂为佳品。

◆代县黄酒

酒色金黄，温和醇香，热饮味道更佳。具有补中益气、健身活血，提神御寒之功能。

◆代县熬鱼

主料草鱼1条，猪油1—2斤，配料花椒、大料、大葱、姜、蒜、韭菜、香菜。其主要做法是：将新鲜的草鱼经过腌制后，过油炸出，然后在锅里放猪油炒豆瓣酱，佐以花椒、大料、大葱、姜、蒜，加汤，再放入鱼、韭菜、香菜，再用慢火熬制2—3小时即可出锅，其特点是：鱼骨酥软、鱼肉鲜美软滑，口味极佳。

◆莜面栲栳栳

代县人常吃的一种面食，在民间也叫作"刨糁"，其主要制作原料是莜面，又称"燕麦""玉麦"。莜面营养丰富，有耐饥抗寒、保肝保肾，造血及增强免疫力之作用，而且还有强体、健脑、清目、美容之功能。

五台山

简介 | JIANJIE

　　五台山，世界文化景观遗产，国家AAAAA级旅游景区，国家重点风景名胜区，国家自然与文化双遗产，中华十大名山之一，中国四大佛教名山之一。

　　五台山位于山西省东北部五台县境内，方圆约300公里，因五峰如五根擎天大柱，拔地崛起，巍然矗立，峰顶平坦如台，故名五台。五台分别是指东台望海峰、西台挂月峰、南台锦绣峰、北台叶斗峰和中台翠岩峰，这五座相互连接环绕、挺拔秀丽，又因山上气候多寒，盛夏仍不知炎暑，故又别称清凉山。五台山的海拔高度多在2700米以上，最高的北台海拔达到3061.1米，为华北第一高峰，素有华北屋脊之称。这里山高林深，气候凉爽，降雨较多，植被覆盖率很高，风光秀丽，景色壮观，有清凉山之称，是旅游避暑的胜地。

　　五台山是驰名中外的佛教圣地，与四川峨眉山、浙江普陀山、安徽九华山齐名，因其是文殊菩萨的道场，以其建寺历史之悠久和规模之宏大，而居佛教四大名山之首。五台山主要是以佛教圣地而名扬天下。东汉明帝永平十一年（公元68年），印度的两位高僧摄摩腾、竺法兰在中国传播佛教，当他们来到五台山后，见到五座台顶拱围台怀腹地，其山形地貌与释迦牟尼佛的修行地灵鹫山几乎相同，于是返回洛阳后就奏请汉明帝在五台山修建寺院。明帝准奏，在五台山修建了大孚灵鹫寺，即是今天显通寺的前身，成为与洛阳白马寺齐名的我国最早的佛寺之一，五台山从此成为佛教圣地。

　　此后，五台山的佛寺越来越多，香火日盛一日。到南北朝时，五台山已有寺庙200多处，唐代更达到360多处，有僧尼3000余人。但由于唐武宗、周世宗两次大规模的灭法活动，五台山的佛寺几乎全部被毁。宋、元、明、清时期，五台山的佛寺逐渐得到恢复和发展。清代，随着喇嘛教传入五台山，出现了各具特色的青、黄二庙。五台山现有寺庙50余座，在四大佛教名山中仍然是寺庙最为集中，香火最为旺盛的。而且五台山的佛寺中，唐、宋、辽、金、元、明、清各代以及民国均有遗存，建筑宏伟，式样繁多，精细严整，连续性强，可以说是一部唐代以来的中国建筑史，是研究和欣赏中国古建筑的珍贵场域。另外，寺内的佛教造像手法多样，技艺高超，泥塑、木雕、铜铸、玉雕应有尽有，是欣赏我国佛教造像艺术发展演变的最佳场所。

　　"五百里道场风风雨雨，依然日出东台。月挂西峰，花放南山，雪霁北巅。两千年香火断断续续，又是晨钟悠扬，晚磬清澈，香烟缭绕，胜幡蹁跹。"五台山风光壮美，景色独特。境内庙宇林立，文物遍布。置身其中，松树亭亭，泉水淙淙，云山雾海，楼阁林立。古刹晨昏天香飘，佛寺早晚金钟鸣。三步一趣典，五步一掌故，到处有景致，到处又隐伏着神奇秘密。

引文 | YINWEN

清凉世界五台山

梁衡

　　五台山的绝妙之处，是气候清新凉爽，所以又名清凉山。

　　去年，正当酷暑季节，我们一进五台山便立即被搂进了一个清凉的怀抱里。这里多的是青松、白杨。在台怀谷地南端有一寺，叫镇海寺，寺前寺后遍植石松。这些松也长得奇，孤高的干子直指天穹，到顶上又横生出枝叶。深深的绿，浓浓的荫，在这浓荫的蔽护下，阵阵松涛，使人们身上的汗，心中的热，涤荡得一干二净。在谷地北口有一寺，叫碧山

寺，这里是白杨的世界。寺门前，有一片深幽的白杨林，它们一出土便密匝匝地挤在一起，细枝阔叶交错连理，风来枝摇叶动，将一轮烈日的炽焰筛成一缕缕的丝，一点点的亮，给人一种愉悦的清凉。这两寺之间还有南山寺、显通寺、梵仙山、黛螺顶等，皆无寺不树，无山不林。四围远接天际的山顶高坡上全是层层的白杨、茫茫的幼松和如毡似毯的草丛。整个小镇，连同谷里的人、车、马、房，还有那几十座寺院，一起被淹在这冷绿的大盆里，哪还有一丝的暑热能偷存下去？

　　除树多之外，这里的水也不少。台内各山各寺就流淌着泉水四五十处。清凉河水环

绕台怀流过。说它是河，倒不如说它是一匹飘动的锦缎。这河很浅，却宽。它不咆哮，也不喊叫，只是，在谷底穿树林，绕古寺，一路轻轻地歌唱着流去。人们在西岸的各处寺庙游览时，总要在这清凉河上穿行，这河水给人们一种凉意。台怀镇口有一泉，名"般若泉"，泉眼圆亮如镜，水质沁凉宜人；清康熙、乾隆先后十五次上五台山，都是专饮此水。现据化验查明其中含有七种对人体有益的矿物质，是一种极好的矿泉。显通寺大院里有一泉，依山势从上落下，流过院心，又一直淌到寺外的石板路上，亮亮的，像一条项链。你若来到这里，可以蹲下来，引颈亲吻一下这来自地心的清凉，也可以像孩子一样，双手提鞋，赤足踏行在清波洗漱着的石板街上。一种无名的凉意会爬上你的双腿，你的腰身，慢慢地弥漫了你的全身，直到心田。浓荫已将烈日从天空隔去，清泉又将新凉从地下送来.好一个清凉世界。

五台山的清凉，自然不是那块清凉石的魔力，实因地势高，暑气很难爬上它的山腰。

它的五个台顶都在三千米左右，其中北台高达三千零五十八米，是华北的最高峰，我们游完台怀镇各处后，乘上一部轻车，在这几个台顶之间飞驰，感到两肋生风，通体透凉。路是极险的左曲右弯，常常将碰壁而猛折，似落沟又急转。这时树也没有了，林带已落到了身下成了山的围裙。坡上有五光十色的山花，山顶有朵朵飘浮的白云，有的云朵飞过来，拦住车的去路，闯进车厢缠住我们的胳膊和腿脚，脸上也给抹了一层轻轻的湿意。坐过飞机的人，在那个封闭的空间里哪能体验到这种神仙般的滋味。这时从车窗里看出去，尽是一座座连绵平缓的山头、要知每个台顶都有上百亩油绿绿的平滩，这是绝好的高山牧场。附近几省的骡马牛羊，每年盛夏都要赶来这里避暑放牧和进行交易，人称骡马大会。这里既有山地起伏的旋律，又有草原辽阔的情感，如果在山头上静坐一会儿，看山下的庙、眼前的云，听林间的泉，沐浴那习习的风，就会得到一种特殊的、美的享受。从这数千米高的台顶到那飞鸟盘旋的谷底，从台怀镇这一点圆心,到周围二百平方公里的山川,这是多么大的一个清凉世界啊。

■■■解读■■■

梁衡,山西霍州人。当代著名作家、新闻理论家、政论家。这篇写五台山的散文游记收录在他的散文集《万水千山行遍》中,写作者行走五台山、观览名胜古迹、体察民风民俗后的所思所感。匠心独运的书写角度,寓情于理的叙述方式,优美雅致的笔调,丰富跃动的想象,以及深厚的文学、文化和科学知识内涵,令读者爱不释卷。

扩展 | KUOZHAN

◆五台山素斋

五台山素斋以宫廷风味为主,用料丰富,有豆腐、白菜、台蘑、金针、蕨菜、高粱面、玉米面等山野特色。山上有多家素斋馆,菜品"有荤有素",其中的荤菜都是用豆腐、蘑菇和面粉制作,口感逼真。

◆五台山八大碗

菜品共有八个大碗,包括台蘑炖小鸡、蕨菜红烧肉、土豆焖莜面鱼鱼、五台大烩菜、台蘑烧油菜、小酥肉、阎府豆腐丸子、秘方炖牛肉。

◆砍三刀

色呈金黄,绵甜利口,是五台山人春节期间的主要食品之一。每年年关,家家制作,户户蒸食,代代相传,至今已有300多年的历史。

◆文殊素饼

素饼采用传统手工工艺,经过选料、配料、拌料、搓皮、开馅、包饼、压盘、烘烤、晾放等十几道工序精制而成。后人经过不断改良开发出多种口味花生、凤梨、椒盐、芝麻、桂花、草莓等。文殊素饼是走亲访友,朝山拜佛必备之良品。

晋察冀军区司令部旧址纪念馆

简介｜JIANJIE

晋察冀军区司令部旧址纪念馆位于山西省五台县金岗库村,是在军区司令部旧址的基础上修建而成。旧址院落坐西向东,紧靠山根,位置险要。整个建筑分里外两院,大小相仿。里院二十一间,外院十二间,砖木结构瓦房,具有北方明清时期建筑风格。

1937年11月,时任八路军一一五师副师长的聂荣臻同志受命创建晋察冀敌后抗日根据地,随后晋察冀军区在五台县石咀普济寺成立,聂荣臻同志任司令员兼政委。1938年3月聂荣臻司令员率军区指挥机关进住金岗库,司令部就设在这所院子里,从这里起始创建了第一个敌后抗日根据地,领导和组织了当时的抗日战争和地方革命。晋察冀军区是抗战初期我军深入敌后创建的第一个最前线的军事指挥机关,在整个抗日战争史中发挥了极为重要的作用,写下了光辉的篇章。

纪念馆内的布展内容分为三大部分:晋察冀军区司令部抗战史迹展、聂荣臻元帅生平展、晋察冀根据地五台山地区抗日机关分布模型展。此外,《铁血长城》是晋察冀军区司令部抗战史迹展。该展览以抗日战争的发生和发展为主线,生动地再现了晋察冀根据地军民舍生忘死、不屈斗争的民族精神和英雄气概。《千秋风流一元戎》是聂荣臻元帅的生平展,详尽地阐述了聂帅光辉的一生。晋察冀根据地五台山地区抗日机关分部模型展,是本地区唯一一个能反映五台山地形、地貌和名胜古迹的模型。

引文 | YINWEN

水调歌头

彭雪枫

战迹壮山色,风雨慰忠魂。
气吞万里如虎,叱咤皖南云。
左右挥戈沙场,南北驱驰骁将,
功绩两淮闻。一师制十万,巧力打千钧。
战芒砀,攻夏邑,史诗存。
三十七载,别样精彩耀星辰。
有报曾名《拂晓》,探索人间正道,
今日忆何人?但看新红日,正照满园春。

水调歌头

赵尚志

林海雪原上,星月冷刀枪。
任凭几度风起,猎猎大旗扬。
不悔征程坎坷,无憾年华舛错,默默对松江。
忍辱淡生死,负重卫家邦。
百余战,仇未泯,恨犹长。
抛头洒血,浇我国土不彷徨。
江水悲歌未没,甲子匆匆已过,小丑又跳梁。
莫忘枕戈睡,休教鬼猖狂。

■■解读■■

彭雪枫,中国工农红军和新四军杰出指挥员、军事家,是抗日战争中新四军牺牲的最高将领之一。赵尚志,东北抗日联军创建人和领导人之一,东北地区最早的共产党员之一。1942年在战斗中牺牲。2009年被评为"100位为新中国成立作出突出贡献的英雄模范人物"。

英雄,是一个民族巍峨的精神丰碑。在抗日战争的伟大历史中,有无数中华儿女奋不顾身、不畏强敌、不屈不挠、浴血奋战,彻底打败了日本军国主义侵略者。彭雪枫和赵尚志的这两首《水调歌头》充分地表达出英雄们的豪迈气概。"但看新红日,正照满园春。""莫忘枕戈睡,休教鬼猖狂。"英雄们在战争中抛头颅、洒热血,铸就了伟大的抗战精神。品读着这些英雄诗词,感受到了英雄保家卫国的凌云壮志,感受到了英雄视死如归的豪情!铭记历史、缅怀先烈、珍爱和平,让伟大的抗战精神薪火相传。

◆河曲民歌

河曲民歌是流行于山西省河曲县的传统音乐，国家级非物质文化遗产之一。河曲民歌歌词委婉，曲调凄美。以反映生产劳动、情爱相思为主，朴实、真挚、自然，充满了浓浓的乡土气息。河曲民歌的代表作品有《山高路远见不上》《跑口外跑得心惨了》《挣不下银钱过不了》《手巾揩泪沾不干》《羊倌歌》《满嘴嘴白牙牙对哥哥笑》《要穿红来一身红》。

◆凤秧歌

"凤秧歌"是流行在原平的一种集体表演的载歌载舞的表演形式。表演时男女各半，男的头戴一顶草帽形的小帽，帽顶戴有一条既薄又窄，约长丈余，盘成螺旋形的竹圈，竹圈顶端置一鲜艳的红色绒球，形似凤凰头顶的红翎，故当地群众称其为"凤秧歌"。表演时，男的身背腰鼓，女的手持一小堂锣，边敲边舞。随着舞步的节奏，帽上的竹圈前后伸缩摆动，风格别致。经过一段舞蹈后，便开始演唱，演唱的歌曲大都是词、曲都很长的叙事歌，曲调风格特殊，既有民歌的特点，又有曲艺的某些特征。代表性最强、最受欢迎的曲目是《过大年》。

◆二人台

二人台是流行于内蒙古自治区及山西、陕西、河北三省北部地区的戏曲剧种，俗称"双玩意儿"，又称"二人班"。二人台的音乐是以当地山区民歌"社火玩艺"中的秧歌小调和道情戏中的部分乐曲为基础，又吸收了内蒙民间小曲以及陕北民歌中的一些曲调的特征而成，具有浓厚的地方色彩。二人台分硬码戏、带鞭戏与对唱三大类。硬码戏注重唱、念、做，要求表演者有较好的嗓音条件；带鞭戏注重舞蹈表演；对唱由二人交替演唱。二人台主乐器有"三大件"——枚、四胡、扬琴，"三大件"互相配合，互相填补，各抒所长，成为协调、统一、丰满、华丽的音乐。二人台在表演上既有草原辽阔粗犷的风格，又有北方憨直奔放的品位，深受蒙汉两族人民喜爱。

◆北路梆子

忻州地区的传统戏剧，又名"上路戏"，2006年经国务院批准列入第一批国家级非物质文化遗产名录。北路梆子音乐包括唱腔、曲牌、锣鼓经三部分。唱腔结构属于板腔体，有慢板、夹板、流水板、三性板、介板、花腔等。伴奏乐器有文武场之分，文场乐器由梆胡、二弦、三弦、四弦、笙、笛、唢呐等组成，武场乐器由板鼓、马锣、铙钹、手锣、梆子、战鼓、堂鼓、碰铃、小音锣等组成。北路梆子的唱腔具有高亢激越、淋漓酣畅、稳健粗犷的特点，带有鲜明的地方特色，体现了当地劳动人民质朴淳厚、豪爽大方的性格。传统剧目有《王宝钏》《打金枝》《金水桥》《斩黄袍》《铡美案》《回龙阁》等200多个。

西河头地道战遗址纪念馆

　　定襄西河头地道位于山西省定襄县城西二公里处的西河头村, 被誉为点缀在五台山旅游线上的一颗璀璨明珠。

　　地道战是平原地区抗日军民创造的与优势装备的敌人进行战斗的一种有效形式, 它进可以攻, 退可以守, 既有利于小分队活动, 又便于大部队隐蔽; 不仅可以利用地道打击敌人、保护自己, 还可以主动出击, 在游击战中显示出巨大的威力, 载入了人民战争的史册。西河头地道战遗址, 生动地记录了晋北人民在抗日战争和解放战争中的光辉业绩。

　　抗日战争期间, 为了躲避和打击日军的烧杀抢掠, 遵照上级指示, 定襄县军民积极开展了防御工作, 依据当地的地形条件, 挖掘了大量的地下隧道。定襄县西河头村民于1942年开始建设地道, 边建边在抗日战争中投入使用, 至1947年完善并竣工。地道遍布全村地下, 纵横交错, 设有卡口、翻口、陷阱、翻板、迷魂阵等, 有防水、防烟等设施, 并利用古庙、碾盘、墙角等建筑, 设置了地堡、枪眼, 可以说是一座能打能藏、可攻可守的地下长城。在抗日战争和解放战争年代, 村武工队和地方民兵与敌人展开机动灵活的地道战, 多次击退国民党阎锡山军队及反动地方武装的进攻, 为人民解放战争的胜利作出了不可磨灭的贡献。

　　西河头地道战纪念馆的前身为1964年建立的定襄县西河头外事接待站, 2005年进行了扩建，由定襄革命历史纪念馆和西河头地道战纪念馆两部分组成。整个展览以人为本，充分运用声、光、电等现代化手段和景观、雕塑、油画等艺术表现手法，系统、完整地反映了以西河头地道为代表的华北人民战争奇观——地道战的创建、发展概况。

西河头地道战纪念馆于1995年被山西省委、山西省人民政府命名为省级爱国主义教育基地。2006年被国务院确定为全国重点文物保护单位。2013年被山西省委党史办确定为山西省党史教育基地。

引文 | YINWEN

沁园春
杨靖宇

雪漫残阳，冰著寒山，铁骨傲风。
笑倭奴痴妄，徒施伎俩；丈夫矢志，为复国兴。
南满烟云，松江烽火，铁骑狂飚正纵横。
须来日，看高粱大豆，遍野黄红。
白山昂首苍穹，望林莽，葱葱是古松。
问英灵安在，后生可记：当年壮烈，那日从容?
再度回眸，诗篇血就，当教中华瞩目中。
还休忘，有余魅拜鬼，海上云浓。

■■解读■■

杨靖宇，中国共产党优秀党员、无产阶级革命家、军事家、著名抗日民族英雄。这首词创作于杨靖宇率领东北联军抗击日军期间。上阕中短短的几个字将东北的严寒环境展现在读者眼前，然而抗日英雄们"铁骨傲风，笑倭奴痴妄"，诗人直抒胸臆，写尽对日军的鄙夷，同时又抒发了铁血男儿当为国家奋战的勇气与决心。紧接着与冰天雪地的静景相对的是军队的紧张对峙："铁骑狂飚正纵横。"东北联军战士的士气没有被冰冷的风雪所磨灭，反而更加壮烈。诗人然后视角转移："高粱红豆，遍野黄红。"这既是对抗战胜利的呼唤，又是对战后家园重建的美好愿景，同时也是对祖国壮丽河山惨遭践踏的痛斥！下阕写白山、苍穹、古松。将读者带入一个平静的时空内。激荡悲壮的诗文，就在最惨烈、最残酷的战斗中分娩了。"再度回眸，诗篇血就，当教中华瞩目中。还休忘，有余魅拜鬼，海上云浓。"这是杨靖宇生命的呐喊！

◆定襄蒸肉

传统名吃，距今已有千年历史。原为宫廷御膳秘方配置，历代宫廷御苑将它视为珍品。后流入民间，遂成筵席佳肴。蒸肉以精瘦猪肉为主，辅以精制淀粉、精炼植物油及各种调味品，采取特殊方法精制而成。具有肉香扑鼻、口感绵润、回味无穷、多食不腻等特点。经常食用，既可补充人体内必要之多种营养成分，又能弥补肉类食品高脂肪、高胆固醇等不足。

◆荞面河捞

定襄荞面河捞除了具有汤清味美、浓香宜人、冷热均可、四季皆宜等特点外，还有利口开胃、增强食欲、润肤乌发、清火去郁、强肾健脾等特殊功效。自古以来便有"闻香下马，知味停车"吸引远近顾客之说。

◆定襄甜瓜

种植甜瓜的最佳条件是拥有高盐碱成分的土壤，这样不仅能促进生长、提早成熟，还能增加糖分，且瓜香四溢。忻定盆地自然条件优越，气候温和、盐碱下湿，土壤中含有盐碱等多种有机质，因此，忻定盆地自古就有种植甜瓜的习俗，悠久的历史和传统的种植手法，使这里产出的甜瓜皮薄肉厚，香甜脆嫩，多汁爽口，颇受百姓喜爱。定襄甜瓜是农产品地理标志保护产品。

徐向前故居和纪念馆

　　徐向前故居位于山西省五台县东冶镇永安村，始建于清道光初年。1901年，徐向前元帅就出生在这里。徐向前故居是一幢典型的晋北四合院式的建筑，院内正面为主房，两侧是厢房，上下两层是徐向前元帅青少年时期劳动和学习的地方。在故居内，保存有徐向前元帅童年时学习用的小木桌，1955年徐向前元帅授勋时的元帅礼服，还有徐帅的羊毛衫、军装等衣物。徐帅亲笔书写的他生前最喜欢的两首古诗——《石灰吟》和《龟虽寿》原件也都存放在这里。一件件实物和图片资料，反映了这位老一辈革命家生前清廉简朴，为革命事业奋斗终生的精神。纪念馆内还陈列着徐帅的生平事迹展和

老一辈无产阶级革命家李先念等为徐帅的题词，庄重肃穆，朴实无华。

　　2006年05月25日，徐向前故居被国务院批准列入第六批全国重点文物保护单位名单，现已被列为青少年爱国主义教育基地。

引文｜YINWEN

沁园春

佟麟阁

晓月卢沟，怎忘当年，战火曳空！

惹英雄奋起，旗风所向，悲歌吼处，气贯长虹。

永定河边，南苑巷内，多少男儿浴血中。

一腔恨，俱凝刀枪上，怒向顽凶！

天公竟妒豪英，弹飞处，焦石溅血浓。

憾壮怀难已，山河未复；　民崩倚恃，国损干城！

浩气长风。唤起大众，卫我中华一脉同。

西山上，有松涛夜吼，霜叶殷红。

■■解读■■

佟麟阁，著名抗日将领、民族英雄，1937年日军向北平发动总攻击，进犯南苑，佟麟阁率领军队与日军从拂晓战至中午, 壮烈殉国。诗歌开篇作者直抒胸臆, 卢沟桥事变, 战火纷飞的年代, 英雄的中华儿女奋起反抗, 浴血奋战, 作出了极大的牺牲。"多少男儿浴血中", "弹飞处, 焦石溅血浓"! 诗人紧接着发出呐喊, 山河未复, 壮志未酬, 我中华儿女甘愿抛头颅, 洒热血, 保卫祖国。整首诗激情昂扬, 作者的战斗情怀跃然纸上!

扩展 | KUOZHAN

◆ 红色记忆

生活中的徐向前元帅心灵手巧、爱好广泛, 通摄影、喜戏曲、会乐器、能缝补、善手工、爱读书、好书法。徐向前平常话不多, 生活简朴, 不讲究吃穿, 一生说山西话, 爱吃山西饭, 平生没有官气, 给人的印象比较"土气", 人称"布衣元帅"。

徐向前元帅虽然少言寡语, 却是一个很有情趣的人。他爱养动物, 长征时年轻的他骑马挎枪, 威风凛凛, 和其他人不同的是, 他的马背上还有一只猴子。这只猴子在长征中陪他走了很久, 也给战士们增添了不少的乐趣。 徐向前元帅还喜欢听唱晋剧、粤剧、河北梆子, 自己还会弹扬琴、拉二胡, 对摄影艺术也很在行, 不仅自己拍摄照片, 而且自己还动手布置暗房, 配显影液、定影液, 很多早期珍贵的照片, 都是他自己拍摄、放大、洗印的。 徐向前元帅凡事亲力亲为, 战争年代他曾自己缝补衣服, 还会织毛衣, 他自己动手织了件毛背心, 而且一穿就是30年, 最后成了徐家压箱底的宝物。

偏关老牛湾

简介 ｜ JIANJIE

  老牛湾景区，位于山西省忻州市偏关县万家寨镇境内。这里以黄河为界，其南依山西的偏关县，北岸是内蒙古的清水河县，西邻鄂尔多斯高原的准格尔旗，是一个鸡鸣三市的地方。黄河从老牛湾景区入晋，内外长城从这里交会，晋陕蒙大峡谷以这里为开端，我国黄土高原沧桑的地貌特征在这里彰显。

  老牛湾自古以来地理位置就十分特殊，黄河之水出河套，至此拐弯流经深山峡谷奔腾南下，古长城至此逶迤东去。这里是宋时杨六郎镇守三关中偏头关的前沿阵地，也是走西口时出入关的要道之一，素有"黄河入晋第一村""一唱雄鸡闻三县"的美誉。

  关于老牛湾的来历有一个神话传说，据说很久以前，天下大雨，经久不停，大地一片汪洋。太上老君有感而动，遂牵牛犁地，让大水改道。然而距离老牛湾三十里地有一山叫作明灯山，山上有一盏亘古不灭的明灯，当青牛架犁犁地之间，忽然抬头看见不灭明灯，受惊而转头就跑，神犁在大地上便留下一道大湾，这便是后来的老牛湾。

  老牛湾的古堡、古楼、古渡、古栈道、古庙、古村落更是让人惊叹不已。老牛湾景

区的主要景点有望河楼、老牛湾古村落、乾坤湾等。望河楼又名老牛湾墩、护水楼。建于明万历二十五年，墩高二十二米，墩体有供士兵上下的绳体和通道。用它瞭望来自黄河的敌情，点燃狼烟向东、南两边长城传递信息，被称为"天下第一墩"。乾坤湾位于从万家寨到山西老牛湾的路上，180度长湾，将黄河母亲的婀娜体态形象地勾勒而出，极富观赏价值。老牛湾古村落在望河楼南侧，位于峡谷悬崖之上，是一片老牛湾的古村落，沧桑的窑洞群形象地勾勒出了古时老牛湾人的生活状况。而明长城更是老牛湾的一大壮观景色，在这里长城与母亲黄河第一次握手，老牛湾堡是明长城山西段的重要关隘。

炊烟升起、鸡啼三省、黄河滔滔、苍苍古墙。老牛湾的黄河、长城、古堡、烽火台使它成为黄河岸边文化氛围最为厚重之地，人文历史与自然遗迹完美融合之处。厚重的历史文化和丰富的人文资源，使得偏关之地人杰地灵，英才辈出，自古以来，善良淳朴与自强不息的边塞文化，构成了偏关的地域文化特质，成为中华文明，黄河、长城文明的重要组成部分。21世纪，历史正在书写着新的篇章，随着引黄入晋工程和万家寨水电站的兴建，老牛湾变成高峡平湖。引水灌溉，种花养鱼，开发旅游。今天的老牛湾已经成为一个集休闲、度假、养生和体验大自然神奇魅力于一体的地方。

公无渡河

[唐] 李白

黄河西来决昆仑，咆哮万里触龙门。
波滔天，尧咨嗟。
大禹理百川，儿啼不窥家。
杀湍湮洪水，九州始蚕麻。
其害乃去，茫然风沙。
被发之叟狂而痴，清晨临流欲奚为。
旁人不惜妻止之，公无渡河苦渡之。
虎可搏，河难凭，公果溺死流海湄。
有长鲸白齿若雪山，
公乎公乎挂罥于其间。

箜篌所悲竟不还。

■■解读■■

李白的这首《公无渡河》开篇就将笔触伸向了苍茫辽远的往古——"黄河西来决昆仑，咆哮万里触龙门"！诗人只寥寥两笔，就在"昆仑""龙门"的震荡声中，展现了"西来"黄河的巨大声威。"波滔天，尧咨嗟"！滔天巨浪吞噬了无数生民，茫茫荒古，顿时充斥了帝尧放勋的浩然叹息。

大禹治水的神话传说，本可以激发诗人的许多奇思。但诗人在此处重在描述黄河，故诗中仅以"大禹理百川"一句带过，以表现桀骜狂暴的洪水在这位英雄脚下的驯服。"儿啼不归家",寥寥五个字就使一位为公忘私、"三过家门而不入"的治水英雄的风貌跃然纸上。黄河的荒古之害从此驱除,但它的浪波在汹涌归道之际,在两岸留下了"茫然风沙"! 以上一节从荒古的河害,写到滔天洪水的平治。 不仅展现了黄河那西"决昆仑"、东"触龙门"的雄奇之境,更让读者从它 "波滔天"的历史危害中,领略了它所独具的狂暴肆虐之性。为下文做足了铺垫。 而今,那白发之叟,竟想"凭河"(涉水渡河)而渡,难道就不怕被它吞没?

接着诗人发出了呼喊:"被发之叟狂而痴,清晨临流欲奚为?"这呼喊仿佛是"狂夫"之妻的陡然惊呼!因为诗人紧接狂夫"临流"之后,就急速推出了那位"旁人不惜妻止之"的深情妻子。于是,全诗的情景发生了惊人的突变:在轰然震荡的浪涛声中,诗人自身隐去了,眼前只留下了一位悲恸而歌的蓬发妇人:"虎可搏,河难凭。公果溺死流海湄(水边)。有长鲸白齿若雪山,公乎公乎挂罥于其间。"诗歌以夸张的笔墨,痛歌狂叟的溺死浪波,终于作了巨若"雪山"的鲸齿冤魂,这景象是恐怖的,何况又从"援箜篌而歌"的狂夫之妻的恸哭声中写来,更觉有一种天旋地转、恻怛号泣之悲。那"公乎公乎"的呼叫,声声震颤,实在令人不忍卒听。结尾时诗人被悲愤笼罩,无以复言,便掷笔而叹:"箜篌所悲竟不还。"全诗就这样结束了。

黄河的裂岸涛浪却还在汹涌,"狂夫"之妻的恻怛号泣还压过浪波,在历史中回荡!

扩展 | KUOZHAN

◆凉碗托

荞麦去皮后,磨成颗粒,当地称为荞麦生子。将荞麦生子手工捶成糊状,过细箩后,将糊状盛在碗里蒸熟,晾凉后切成细条,调醋、蒜、芝麻、黄瓜丝即可食用。凉碗托筋道可口,别具一番风味,夏天可消暑防热。

◆偏关豆腐

偏关豆腐质地嫩滑,松软适中,营养丰富。"炖豆腐"是将豆腐切块,与花椒、精盐、辣椒一起放锅中,微火炖之,炖至半熟,再放大葱、青菜,炖熟后的豆腐,软嫩可口,香辣味鲜。

◆莜面窝窝（亦称猫耳朵）

偏关县盛产莜麦，莜面为偏关名吃，制作莜面需三熟，即莜面炒熟后磨面，为一熟；用开水和莜面为二熟；将和好的莜面搓成猫耳朵大小的窝窝放锅蒸为三熟。蒸熟后，可沾菜汤或羊肉汤食用，香味扑鼻，可口好吃。

◆羊杂碎

偏关养草坡资源丰富，各种牧草齐全，适宜养羊，羊肉肥嫩，有大补温胃之功效。《本草拾遗》将其与人参相提并论，特别是用三髓汤熬制的羊杂碎，营养丰富，美味可口。将羊杂碎煮熟切条，配细粉条，用锅熬制，加复合调料如羊油辣椒即可食用。

◆黄河鲤鱼

黄河流经忻州地区偏关的万家寨时，这一段河水弯弯曲曲，时宽时窄，既有天选地设的安静环境，又有上游冲击沉淀的营养物质。因此万家寨的黄河鲤鱼肉质肥厚、营养丰富。黄河鱼是偏关人最爱的一种美食，鱼的外表金黄、肉质细嫩、味道鲜美。黄河鱼的捕鱼盛期在清明时节，谓之"开河鱼"。每年的开河季，很多人会开车到万家寨吃开河鱼，如今的偏关人迎接八方来客，共享这道美餐。

◆小米粥

偏关县地处黄土丘陵区，丘陵起伏、沟壑纵横，是典型的小杂粮生产区，该地区的小米色泽金黄，口感光滑，熬稀粥时液面会形成一层米油皮，营养价值颇高。相传，当年李自成打下了宁武，马上就要到偏关了，家家户户高兴地泡了小米，准备做饭喜迎闯王。没想到大军临时改变路线，绕道而行。由于泡的米太多，时间长了发酸，老百姓舍不得扔掉，就用发酸的米煮成粥吃，他们意外地发现这发酸的米煮的粥并不影响食用，后来人们便故意将米泡酸做粥吃。这种酸粥具有开胃健脾、护肤美容等功效，于是，偏关酸粥作为一道美食流传至今。

芦芽山

简介 | JIANJIE

　　芦芽山风景区原始神奇、灵秀古奥、奇冠华北、秀甲三晋，素有"五百里奇秀芦芽山"之称，被誉为"黄土高原上的绿色明珠"，是整个华北地区生态保存最完整、最原始的地区，也是"世界生态保护史上的奇迹"。

　　芦芽山因形似一"芦芽"而得名，主峰绝顶约10平方米的石坪上，巍然托起一座石砌建筑——太子殿。因其位居群山之极，数十里外也可以看到。这里曾是历代帝王将相、骚人墨客休闲游猎的首选地方。隋炀帝曾多次到此避暑游猎，在天池处建庞大行宫群落，迤逦百里，鼎盛一时。现在的景区汇集了"山、石、林、草、洞、湖、泉、谷、庙、关"十大系列的旅游产品，是集国家地质公园、国家森林公园、国家自然保护区、国家水利风景区及中国民间文化旅游示范区于一体的风景名胜区，以芦芽山（太子殿主峰）为中心，包括马仑草原、小芦芽山、万年冰洞、千年地火以及悬崖栈道、天池湖群和情人谷等诸多景点，景区内四季风光不同，四时景象殊异，所谓春来十里杏花、盛夏万岭

流云、中秋层林尽染、隆冬素裹山川，是不可多得的旅游观光佳境、休闲避暑胜地。

历史上的芦芽山是北方游牧文化和中原农耕文化碰撞交融最激烈的地区之一，这种碰撞和交融最直接的见证就是长城。北齐长城像一条卧龙盘亘在马仑草原南缘的悬崖绝壁上，这一段山梁因此被称作城墙梁。城墙梁地形奇峭、风光壮丽，站在梁上可以南观芦芽山、东望汾河川、西眺荷叶坪，还可以观赏到"雾漫马仑""云涌芦芽"等自然美景，是登高望远的好去处。

引文 ｜ YINWEN

芦芽山记
梁衡

山西多山，令人骄傲。太行、吕梁纵贯南北，分卧东西，全省境内几乎没有平地。其中比较著名的有历代皇帝封禅祭祀的北岳恒山，有伯夷、叔齐不食周粟而死身的首阳山，有介子推不受晋文公之封而焚身的介休绵山。但因这些名山历史掌故太多，倒常常使游人忘记了它们本身的美。所以，如果真要游山，还是选择没有名气的好。于是，在山西，我们便选中了吕梁山北梢自然保护区的主峰——芦芽山。

十一日晨，天微阴。我们备足干粮、水，出了五寨县城，乘车向东南方向走了十多分钟。便没入大峡谷中。谷底乱石如斗，两侧峰崖急扑而下，遮天蔽日。车在谷底颠簸前行，似浪中行舟，又紧贴山根爬行。缓缓如一豆甲虫。离县城才十数里，便顿如隔世。放眼窗外，大自然的鬼斧神工令人惊叹。那山有的整石以为峰，拔地而起，节节如笋；有的斜卧如虎豹，周身斑驳有纹；更有其大

如房的卵石，以一细尖立于山巅，成危卵之势，仿佛一推即可滚落。山少树，石青黑，多水痕。可以想见，史前时期，这里曾是洪水浩荡，这些巨石被飘举如豆丸，山谷被切割如腐乳。后来水退石出，山高谷深，奇石林立，悄然至今。

再走，山坡多灌木绿草，葱郁如棕毡，一些松树散立其间。以后松杉渐渐增多，密密匝匝，不得深视。这山正如其名，峰多峭拔如出土芦芽，这时一律为绿树所覆，你前我后。纷沓相送，正是旧县志上说的"芦芽迭翠"。举目越过层峦望开去，满山满野的林子，近处墨绿，稍远深绿，再远浅绿，最后只剩下一层朦胧的绿意溶入天穹。绿意怡悦心神，让人看到蓬勃的生命演绎出的绝妙风景。车子像一叶扁舟，在这片绿海的波峰浪谷中穿行。

约九时半，我们来到主峰下，这时云已阴得沉沉欲坠了。山脚几个看林人说，怕有雨，今天是万万不可登山了。远远而来的我们，岂肯失意而去，大家每人折了一根枯木枝。便一头扎进黑林子里。头上云来云往，

林中忽明忽暗，落叶积地盈尺，一踏一个虚坑。这里本少人迹，现在又下着细雨，四周淅淅沥沥，唯闻雨打松枝与风弄树叶之声，林中越发寂静。脚下不时横着倒地的枯木，庞然身躯，用杖一捅就是一个窟窿。两边立着被雷劈死的大树，或中心炸裂，或齐眉削去，皆断躯残肢。然而朽黑的树身上又生出寸厚的绿苔，仿佛喻示着生命在静寂的时光中悄然地完结与更生。领路的老杨说，他上这山已有十一次了，倒有九次走错了路，但愿今天不再犯第十次错误。

爬了约一小时，我们将近峰顶。偶尔驻足，俯视脚下，则山川无形，天地不分。白云一片，滚滚如大海波涛，风强林梢，又隐隐传来千军万马之声；接着前行，路过两山谷口，则浓雾滚滚，喷涌而出，若山下激战，硝烟冲天却又寒气逼人。云雾雄奇，激发出心灵深处跃动的生命力量，促使我们向峰顶攀登。将凌绝顶时要过一个短峡，仅仅容一人单行，曰束身峡；要过一梯，横杠九节，梯担两峰间，下临深渊，曰九杠梯。这是全峰最险之处，虽然两边加了护栏，但仍叫人目眩。过了九杠梯便是芦芽绝顶了。这是一块巨大的孤石，下细上大，状如蘑菇，探伸在半空之中。石上有一座小庙，曰太子殿，是过去求雨人表示虔诚的所在。这时云蒸雾裹，飘渺空灵，使人不辨天上人间。殿宇的檐角时隐时现，云中探

出几株古松，使我确信自己还未离地而去。

雨还在下，我们拄杖下山了，当钻出密林时衣服早已湿透，鞋上满是星星点点的野花瓣，早已成为绣鞋一双。看林人笑道，还从未见过你们这般有兴致的人，忙招呼我们回屋烤火。这时我们心头贮满了愉快，哪管什么鞋湿衣凉，连忙辞谢，驱车下山。山下雨小。回看林间已挂上了无数条细亮的瀑布，轻柔柔的，从水绿的林梢垂下来，跌在石上汇入谷底。谷底的水比来时已大了很多，只是不见半点泥沙，还是原来的清，不禁感慨，今天真的领略到了大自然本真的美。

在别人不愿出门的时候，去游人迹少至的地方，让我们的心中泛起一丝莫名的骄傲。

（本文有删改）

■■■解读■■■

梁衡在雨天游览芦芽山，写出了阴雨天这样的特定环境中芦芽山的美；在第4段中作者以动写静，用雨声衬托出山林的静，写出了山林的幽静之美；在第5段中突出描写了山上的云雾奇观，写出了山顶云海的缥缈空灵之美；在第6段中又描写了细雨使树林挂上瀑布的奇景、雨水跌落石上的趣景，写出了山林谷底的轻灵之美，而这一切美景都是阴雨天这样特定环境中的自然美，从而从一个侧面写出了芦芽山不同于其他名山的本真美。

◆一窝丝

"一窝丝"又叫"盘丝饼",是宁武县的特色小吃,历史悠久,曾经是高级宴席的甜点。"一窝丝"以酥、脆、香为贵,鲜食时甜绵可口,干食时酥脆清香。制作一窝丝的主要原料白面,是由汾河发源地的管涔山之水浇灌的小麦磨制而成。

◆银盘蘑菇

银盘蘑是芦芽山老百姓心目中最高档的美食。清初大学者傅山曾经写过一首《芦芽银盘》赞美银盘蘑的美味:"芦芽秋雨白银盘,香簟天花腻齿寒。回味自闻当漱口,不知瑶柱美何般。"银盘蘑菇只生长在宁武芦芽山上草丛里的"圈道"上,色泽素洁、清香馥郁、营养丰富,长期食用可健壮体质,延年益寿,清代曾为贡品。

◆毛健茶

芦芽山系管涔山的主峰海拔2200米左右的山坡上,生长着一种学名叫作"岩青蓝"的草本植物,富含黄酮类物质、有机酸等活性成分,具有清热消炎、健胃消食等功效。

由"岩青蓝"加工而成的茶叶,俗称"毛健茶",亦叫"毛尖茶",自古以来当地百姓就有采摘、熬制、饮用毛健茶的习惯。

汾河源头

　　汾河，古称"汾"，又称汾水。汾者，大也，汾河因此而得名。汾河是山西的母亲河，是山西省内最大的河流，也是黄河的第二大支流，发源于宁武县东寨镇管涔山脉楼山下，流经省内29个县市，在河津市汇入黄河，全长713公里。据《山海经》云："管涔之山，汾水出焉"，所以后人认为此处就是汾河的源头。汾河孕育了生生不息的五千年三晋文明，汾河源头早在《诗经》《淮南子》《山海经》这些古老的典籍中就已经有了记载，北魏郦道元在《水经注》中用优美的文字描绘了汾水之源的美丽风光："杂树交阴，云垂烟接……水流潭涨，波襄转泛。"

　　汾河源头处是一个水塘，水塘上的石壁上刻有四个大字"汾源灵沼"，石壁中雕有一个龙头，龙口中喷出一股清泉，终年流淌不绝。附近有一座寺庙，名为雷鸣寺，因河水从石崖下龙口喷出时声如雷鸣而得名，始建于明朝，后被毁。而源头四周九山汇聚，溪流淙淙，亭台楼榭，风光旖旎。雷鸣寺、魁星阁挺立于楼子山上，沾汾河之灵气，气象不凡，自古以来就有三晋第一胜境之美誉。

　　雷鸣寺总体规模宏大巍峨，庙宇依山而筑，殿堂鳞次栉比，四周古柏掩映，寺内朱

檐金顶, 琉璃布瓦, 雕梁画栋。亭、台、楼、阁、树、廊、门、洞合理布局, 相映生辉, 是为晋北名刹。每年的夏历四月初八, 此处会举行古庙会, 届时人山人海, 盛况空前。

引文 | YINWEN

汾河晚渡

[明]张颐

山衔落日千林紫, 渡口归来簇如蚁。
中流轧轧橹声轻, 沙际纷纷雁行起。
遥忆横流游幸秋, 当时意气谁能俦。
楼红箫鼓今何在? 红蓼年年下白鸥。

■■解读■■

张颐是明代诗人, 他在游览汾河时, 看到当时渡口繁荣的景象, 即兴作了一首《汾河晚渡》,将汾河的绝美风景流传了下来。这是一首写汾河美景的诗: 夕阳西下, 落日将汾河两岸的林子染成红红的一片, 暮归的人群簇拥在渡口, 上岸的人多如蚁群。汾河中舟楫往来, 穿梭不停, 水中回响着一阵阵摇橹击水的声音, 云卷云舒, 平沙落雁。这是多么优美的一幅画面啊! 诗人面对着如此这般安详、温情的画面, 思绪纷飞, 想起当年汉武帝刘彻率领群臣到河东郡汾阳县祭祀后土, 乘坐着楼船泛舟汾河, 饮宴中流, 秋风萧瑟, 鸿雁南归, 创作出大气磅礴的《秋风辞》。然而现在到哪里寻找楼船箫鼓呢? 只能看见两岸开着红花的蓼草和水面上飞翔的白鸥。自然风光之外, 深邃的意境自然而然的涌出。

现在, 汾河晚渡是古晋阳八景之一。"山衔落日千林紫, 渡口归来簇如蚁。"生动地再现了古时汾河晚渡的生动景象。《康熙·阳曲县志》也有"汾河晚渡"的记载："旧志曰，夫渡何以称晚渡。彼渡者无时，早则渡，晚则渡，而独称晚，盖以日将落，溪水流湍急，有自远来归者，有自近而欲返者。马足车轮，咸于此时，争济渡处。两岸人声谊谊与水声应响，观者谓之一景矣。"很早以前，过往的行人只能摆渡到汾河对岸，到傍晚的时候，行人又都是带着急切的心情回家，人在船上，心已到码头，因此，渡口成为人们回家的希望所在。"汾河晚渡"不仅仅是景色，更多的是一种意境。

扩展｜KUOZHAN

◆**抿豆面**
山西特色粗粮"抿豆面"，形状看着像小蝌蚪，深受当地人喜爱。

◆**宁武油炸糕**
宁武县油炸糕表皮酥脆，里面精软，香甜却毫不腻口，是宁武本地的风味食品，亦是逢年过节待客的好茶饭。

◆**包菜馍馍**
又叫作山药馍馍、黄菜馍馍，是宁武民间的一种风味食品。主要原料是莜面、山药、酸菜、猪油、大葱、花椒、盐粉、味精。外焦里嫩，美味可口。

◆**莜麦饺饺**
传统美食，此饺子包馅不同，风味也各异，但莜面固有的醇香不变。吃莜麦饺饺时最好用制好的传统酸菜汤，再加少许油炝葱花，皮香馅鲜，软嫩味美。

元好问墓

简介 | JIANJIE

　　元好问（1190—1257），字裕之，号遗山，忻州市韩岩村人。7岁能作诗，20岁写下《箕山》《琴台》等诗，名震京师。32岁中进士，官至行尚书省左司员外郎。金朝灭亡后，不再做官，专事著述。 元好问的突出贡献，一在文学方面，一在史学方面。著有《遗山集》，并辑成《中州集》十卷，乐府一卷。

　　元好问逝世后葬于忻州韩岩村元氏先茔。700多年来，经过历代修葺，元墓保存完好。元好问享年68岁，故占地面积取6.8亩。坐北朝南，墓地东西长33米，南北宽67米，封土高3米，直径6米，墓前设有卷棚顶享堂三间，元代石虎、石羊、石翁仲各一对。墓地的享堂中保存有元、明、清历代碑碣25通。

东侧院有亭, 亭高12米, 六角攒尖结构, 正中有元好问画像, 相传这里就是元好问写书的地方。陵园内有野史亭, 传说是先生编纂野史的地方。因为元好问以先朝遗民、在野文人的身份编纂了金代史料《壬辰杂编》和金诗总集《中州集》等, 因而此亭冠以"野"字。野史亭于民国时期重建, 设计奇特, 构筑精巧, 雕梁画栋, 阴刻斗拱, 整个亭子用六根木柱支撑。亭内正壁是元好门石刻画像, 左右两边是遗山墨迹六种, 或楷或草, 颇具功力。

引文 | YINWEN

摸鱼儿　雁丘词
元好问

乙丑岁赴试并州, 道逢捕雁者云: "今旦获一雁, 杀之矣。其脱网者悲鸣不能去, 竟自投于地而死。"予因买得之, 葬之汾水之上, 垒石为识, 号曰"雁丘"。同行者多为赋诗, 予亦有《雁丘词》。旧所作无宫商, 今改定之。

问世间, 情是何物, 直教生死相许?

天南地北双飞客, 老翅几回寒暑!

欢乐趣, 离别苦, 就中更有痴儿女。

君应有语: 渺万里层云, 千山暮雪, 只影向谁去?

横汾路, 寂寞当年箫鼓, 荒烟依旧平楚。

招魂楚些何嗟及, 山鬼自啼风雨。

天也妒, 未信与, 莺儿燕子俱黄土。

千秋万古, 为留待骚人, 狂歌痛饮, 来访雁丘处。

■■解读■■

元好问, 金末至大蒙古国时期著名文学家、历史学家。词的开篇以一个"问"字破空而来, 为殉情者发问, 实际上也是对殉情者的赞美。"直教生死相许"是对"情是何物"的震撼人心的回答, "天南地北双飞客, 老翅几回寒暑"这两句写雁的感人生活情景。大雁秋天南下越冬而春天北归, 双宿双飞。作者称他们为"双飞客", "天南地北"从空间落笔, "几回寒暑"从时间着墨, 用高度的艺术概括, 写出了大雁相依为命、相濡以沫的生活历程, 为下文的殉情作了必要的铺垫。

"君应有语: 渺万里层云, 千山暮雪, 只影为谁去!"这四句是对大雁殉情前心理活动细致入微的揣摩描写。当网罗惊破双栖梦之后, 作者认为孤雁心中必然会进行生与死、殉情与偷生的矛盾斗争。

词的下阕借助对自然景物的描绘, 衬托大雁殉情后的凄苦。"雁丘"所在之处, 汉代帝王曾来巡游, 当时是箫鼓喧天, 棹歌四起, 山鸣谷应, 何等热闹。而今天却是四处冷烟衰草, 一派萧条冷落的景象。雁死不能复生, 山鬼枉自哀啼, 而雁丘将永远受到人们的凭吊。

这首词名为咏物，实是抒情。作者运用比喻、拟人等艺术手法，对大雁殉情的故事展开了深入细致的描绘，塑造了忠于爱情、生死相许的大雁的艺术形象，谱写了一曲爱情悲歌。全词情节并不复杂，行文却跌宕起伏。围绕着开头的两句发问，层层深入地描绘铺叙，有大雁生前的欢乐，也有死后的凄苦，有对往事的追忆，也有对未来的展望。

扩展 | KUOZHAN

◆一代文宗元好问

元好问的文学成就以诗歌创作最为突出，并以"丧乱诗"奠定了他在文学史上的地位，这些诗大多写于金朝灭亡后，山河破碎，流离的痛苦、内心的忧患浸透于元好问的诗歌中。《癸巳五月三日北渡》："白骨纵横似乱麻，几年桑梓变龙沙。只知河朔生灵尽，破屋疏烟却数家。"这些文字，笔笔浸血，字字含悲，堪称杜甫之后现实主义诗风的又一高潮。元好问自己最引以为豪的还是他的诗词造诣，他在临终之时，嘱咐后人在墓碑上只刻七个字：诗人元好问之墓。

元好问的诗词理论功底相当深厚，28岁时，他就写下了一部不朽的评论集《诗论三十首》，提出了自己独到的"以诚为本"的诗歌理论，在我国文学批评史上具有极崇高的地位。

元好问还是变词为曲第一人，对元曲创作起到启导、统领、规范的作用。被誉为"元曲四大家"之一的白朴，他的成长离不开元好问的影响与熏染。蒙古人攻入汴京时，年仅8岁的白朴与父母失散，危难之时，元好问收养了白朴，每天教他读书，悉心培养。可以说白朴的艺术成就正是得益于元好问的养育与教诲。